Wallenwein · Spiele: Der Punkt auf dem i

Konzeption und Beratung der Reihe Beltz Weiterbildung:

Prof. Dr. *Karlheinz A. Geißler*, Schlechinger Weg 13, D-81669 München.
Prof. Dr. *Bernd Weidenmann*, Weidmoosweg 5, D-83626 Valley.

Gudrun F. Wallenwein

Spiele: Der Punkt auf dem i

Kreative Übungen zum Lernen mit Spaß

2. Auflage

Beltz Verlag · Weinheim und Basel

Über die Autorin:

Gudrun F. Wallenwein, Jg. 1939, arbeitet nach jahrelangem Schuldienst als Dozentin und Kommunikationstrainerin. Sie führt Seminare durch mit folgenden Schwerpunkten: Führungskräftetraining, Messetraining, Suggestopädische Sprachkurse, Antistreß, Fitneß, Gesundheitsberatung.

2., überarbeitete Auflage 1998

Lektorat: Ingeborg Strobel

Herstellung: Klaus Kaltenberg
Satz (DTP): Satz- und Reprotechnik GmbH, Hemsbach
Druck: Druckhaus Beltz, Hemsbach
Umschlaggestaltung: Bernhard Zerwann, Bad Dürkheim
Zeichnungen: BeTo, Harrislee
Printed in Germany

ISBN 3-407-36341-9

DANKE

möchte ich allen Seminarteilnehmern sagen, die schon mit mir »gespielt«, Anregungen gegeben und neue Ideen ins Spiel gebracht haben.

DANKE

allen, von denen ich Ideen, Impulse und Anregungen erhalten habe, die im Laufe vieler Jahre in dieser Sammlung zusammengetragen wurden.

DANKE

meiner Lektorin, Frau Ingeborg Strobel, für den Anstoß dazu, aus der Loseblattsammlung ein Buch zu machen und für ihre liebevolle Betreuung während der Entstehung.

DANKE

Melanie für unverdrossenes Schreiben vieler Texte und, last, but not least,

DANKE

ich Bodo für die Raketen, die er unter meinem Stuhl gezündet hat, um dem Ganzen den nötigen Schwung zu verleihen.

Liebe Leserin, lieber Leser!

Die deutsche Sprache ist eine der reichhaltigsten Sprachen der Welt. Sie legt uns aber Beschränkungen auf, sobald wir versuchen, Damen und Herren gleichzeitig anzusprechen. Die männliche Form im Singular und Plural bezieht sich auf beide Geschlechter. Wenn also in diesem Buch von »dem Trainer«, »dem Teilnehmer«, »dem Gesprächspartner«, »dem Gegenüber« die Rede ist, so ist auch immer die Trainerin, die Teilnehmerin, die Gesprächspartnerin, diejenige, die ihm/ihr gegenübersitzt oder -steht, gemeint. Ich habe darauf verzichtet, jedesmal beide, Damen und Herren, ausdrücklich anzusprechen. Danke für Ihr Verständnis.

Gudrun F. Wallenwein

Inhaltsverzeichnis

Vorwort

»Ich habe so viel Arbeit! Ich bin ein ernsthafter Mann, ich gebe mich nicht mit Kindereien ab. Zwei und fünf ist sieben.« (A. de Saint-Exupéry)

So sagte der Geschäftsmann auf dem vierten Planeten, den der kleine Prinz besuchte. Und so denken die meisten von uns. Spiele bei der Arbeit? Was soll denn das? Schließt das eine nicht das andere aus?

Brot und Spiele forderten die alten Römer. Brot erwerben wir durch Arbeit. Spiele reservieren wir für die Freizeit oder gestatten sie den Kindern. Der Durchschnittsbürger sieht sich als ernsthaften Menschen, dem Spielen nur »Zeit vertrödeln« bedeutet.

Beobachten wir aber einmal aufmerksam die Kinder, die in den frühen Jahren so viel so schnell lernen – und Lernen ist Arbeit – wie nie mehr wieder im Leben. Und wie machen sie das? Sie spielen, sie spielen den lieben langen Tag und sie »träumen«, das heißt, sie befinden sich im Alphazustand, im Schweben zwischen Wachen und Schlafen, in dem der Geist voll konzentriert und aufnahmefähig ist. Bis zum achten Lebensjahr verbringen Kinder bis zu 80% in diesem Zustand, zur gleichen Zeit aber lernen sie mit einer nie wieder erreichten Intensität und Effektivität.

Das Neue, die Erkenntnis und Erfahrung, wird so wirksam im Gedächtnis verankert und gespeichert, daß der Mensch für den Rest seines Lebens dieses Gelernte abrufen kann oder Neues dazu in Verbindung bringt (Assoziation). Leider wird dieses so erfolgreiche spielerische Lernen abrupt mit dem Schulbeginn abgebrochen. Denn meistens heißt es in der Schule nicht, *mit* dem Menschen lernen, sondern *gegen* den Menschen.

Seminare, Unterricht, Schulungen, Schule und Lernen, das ist Arbeit, da erwarten Veranstalter und Teilnehmer Leistungen und Ergebnisse. Nur, gar zu oft vergessen wir über diesen Ansprüchen den Weg zum Ziel und wie

> Die ganze Welt ist eine Bühne, und alle Frauen und Männer bloße Spieler. Sie treten auf und gehen wieder ab, und jeder spielt im Leben viele Rollen.
>
> *William Shakespeare, Ein Sommernachtstraum*

dieser Weg am besten beschaffen sein muß, um effektive Arbeit zu ermöglichen und dauerhafte Erfolge zu gewährleisten. Nicht die von Generation zu Generation weitergegebene Tradition von heute längst sinnlos gewordenen Unterrichtsmethoden, die einmal in der mittelalterlichen Klosterschule entstanden sind, ist heute für uns nützlich, sondern eine ganzheitliche Betrachtung, die nicht nur mit *Begriffen von Dingen* arbeitet.

Statt dessen müssen wir mit den *Dingen* selbst arbeiten, mit ihrer Beziehung zur Umwelt und sie auf vielfache Art und Weise durch Assoziationen verankern.

Um erfolgreich zu sein, braucht der Mensch die Entfaltungsmöglichkeit seines ganz individuellen Lern- und Arbeitsstils. Da wir als Trainer, Lehrer, Ausbilder nicht auf all die verschiedenen Menschen, die wir im Seminar vor uns haben, gleichzeitig eingehen können, müssen wir ihnen allen aber die Möglichkeit bieten, den angebotenen Stoff, die Information, in die eigene Sprache, die eigene Assoziationswelt zu übersetzen. Dabei gibt es den »lesenden Einzelgänger«, den »trainerfixierten Mitarbeiter«, den »diskutierenden Redner«, den »gespannten Zuhörer«, den »durch Wettbewerb Frustrierten« ebenso wie den »durch Wettstreit Hochmotivierten« und unzählige andere, die wir als Trainer erreichen müssen.

Der eine erfaßt beim Zuhören alles und versteht; der andere möchte sich dabei bewegen oder die Dinge be-greifen. Der eine braucht Bilder, Farben oder Gerüche, der andere leise Musik oder den Blick ins Grüne, um das Vorgetragene aufnehmen zu können, ihm überhaupt Aufmerksamkeit zu schenken. Für alle aber gelten bestimmte Grundvoraussetzungen zur bewußten Aufnahme von Informationen.

An erster Stelle steht die *Aufmerksamkeit.* Aufmerksam ist ein Mensch nur dann, wenn er mit seinen Gedanken in der Gegenwart ist. Nimmt er jetzt eine Information auf, dann sucht er nach gespeicherten Assoziationen aus der Vergangenheit. Je mehr Assoziationen wir zu einem Stichwort schon haben, desto größer ist unsere Aufmerksamkeit und die Chance, daß unser Gehirn diese Information auch ins Gedächtnis einläßt, richtig versteht und richtig einordnet. Finden wir keine gedankliche Verbindung, geht die Information an uns vorbei wie der Straßenlärm draußen. Keine Aufmerksamkeit – keine Assoziation – nichts wird gespeichert – kein Lernerfolg.

> Im Kindergarten prahlen zwei Knirpse mit dem Monatsgehalt ihrer Väter. Da sagt die Kindergärtnerin: »Das verdiene ich nicht mal in einem halben Jahr!« Antwortet ein Knirps: »Ja, du spielst doch auch nur den ganzen Tag!«

Was wir Trainer tun können, um diesen Ablauf und damit den Lernerfolg zu sichern, ist, die Information durch so viele Kanäle wie möglich an den Lernenden zu schicken und die Kanäle so weit wie möglich zu öffnen. Denn die beim Lernen gespeicherte Information enthält nicht allein den Lernstoff, sondern auch alle übrigen Wahrnehmungen, die meist nur das Unterbewußtsein als wichtige Begleitinformationen aufnimmt.

Da alle unsere Erinnerungen, also alles Gelernte, überall und nirgends in unserem Gehirn verteilt sind, brauchen wir die Querverbindungen.

Was hat dies nun alles mit Spielen zu tun?

Spielen kann uns lern- und aufnahmebereiter machen, kann uns positiv öffnen, uns den Arbeits- und Lernstreß nehmen. Spielen ist jedem Menschen vertraut – denn alle waren einmal spielende Kinder. Und etwas Vertrautes schenkt uns die Freude des Wiedererkennens.

Freude steuert Aufmerksamkeit und Aufnahmefähigkeit. Unsere Eingangskanäle öffnen sich, wir sind bereit, die Lernenergie zu mobilisieren. Reizen wir also die Neugier der Gruppe, denn wo die Neugier, das Interesse oder die Erwartung fehlen, wird die Lernbereitschaft für einen zunächst fremden Stoff nicht geweckt.

Neugier kompensiert auch die Angst vor Fremdem. Ich gebe meinen Seminarteilnehmern die Möglichkeit, über Freude, Spaß und Erfolgserlebnisse entspannter zu neuem Wissen zu kommen. Ich aktiviere die Teilnehmer im Spiel und verknüpfe so den Lernprozeß mit angenehmen Ereignissen und Erlebnissen. Dadurch verringert sich der Seminarstreß. So können alle zur Verfügung stehenden Assoziationsmöglichkeiten vollständig für das Denken und Lernen genutzt werden. Da alles, was mit positiven Erlebnissen verbunden ist, viel besser und länger behalten wird, ist der Effekt beim späteren Abrufen wieder Freude, positiver Gefühlszustand, entstreßtes Wohlgefühl.

Die folgende Sammlung alter und neuer Spiele sowie Aktivitäten soll diesem Ziele dienen. Sie soll die Atmosphäre schaffen, in der wir Menschen uns wohl fühlen, nicht gestreßt und blockiert sind, sondern uns neugierig motiviert dem Neuen öffnen. Dazu brauchen wir Partner, finden uns zu Gruppen und Teams, lernen uns kennen und lassen ab von der krank machenden Verteidigung des eigenen Prestiges. Spaß in der Gruppe, nicht in der Isolation, Lernen und Trainieren mit Freude und in entspannter Atmosphäre, so soll es sein. Durch Entspannung erreichen wir die ideale Voraussetzung für erfolgreiches Arbeiten. Deshalb sind die meisten Spiele und Übungen in diesem Buch als belebende Unterbrechung des Lerngeschehens gedacht, damit Anspannung und Entspannung im gesunden Wechsel aufeinanderfolgen. Der Lernende braucht einen Positionswechsel, eine Phase der Bewegung, Aktivierung oder Entspannung; er braucht frische Luft und Wasser, denn das sind die Elemente, die unsere grauen Zellen bei Laune halten. Und da ich auch die Nutzer dieser Spielesammlung bei Laune halten möchte, nenne ich alle Übungen in diesem Buch, die der Entspannung, der Verbesserung der Arbeitsatmosphäre und der Lernbereitschaft im weitesten Sinne dienen:

»Spiele«

Einleitung
Was muß der können, der im Seminar spielen will?

Die Grundvoraussetzung für jeden Seminarleiter, der Spiele ins Seminar einbeziehen will, ist, daß er selbst gern und viel und oft spielt. Dann hat er eine große Anzahl der verschiedensten Spiele im Kopf oder vorbereitet und kann sie je nach Bedarf einsetzen. Natürlich müssen die Spiele dem Ziel, der Gruppe und der Situation angemessen sein. Es spielt keine Rolle, wie alt oder bekannt ein Spiel ist, alle Spiele sollen leben und sich verändern oder weiterentwickeln.

Motivieren Sie die Gruppe zum Spielen, denn ein Spiel kann man nicht aufzwingen, Spiele leben von der Freiwilligkeit, vom Spaß und der Kreativität. Also lassen Sie die Gruppe mitsprechen und -entscheiden, und bremsen Sie gute Ideen nicht. Schaffen Sie gute Voraussetzungen fürs Spiel: Atmosphäre, Vorlagen, Spielregeln, Planung muß sein. Planen Sie also mögliche Spiele in den Seminarablauf ein. Aber bedenken Sie auch, daß die Spiele nicht künstlich und aufgesetzt wirken dürfen. Jede Verkrampfung ist zu vermeiden. Also, gut vorbereitet, gut geplant, ist Spielen jederzeit möglich, denn Sie sind zu jeder Zeit handlungsfähig. Eine gründliche Planung gibt Sicherheit, und Sicherheit ist die Voraussetzung für Flexibilität, die Sie brauchen, um auf spontane Ideen, Wünsche, Ängste der Mitspieler einzugehen.

Erwachsene mit starken Spielhemmungen, die Skat, Fußball und Schach kennen und die strengen Regeln akzeptieren, die nur »gegen« einen anderen spielen und den »Gegner« besiegen wollen, finden es ganz einfach »kindisch«, wie eine Katze durch den Regen zu schleichen. Hemmungen, Angst, ausgelacht zu werden, ja das Amt und die Würde stehen dem Spiel aus dem Gefühl heraus entgegen. Verknüpfen Sie also die Seminararbeit mit spielerischem Tun.

> »Vernünftige Leute lassen sich fürs Spielen bezahlen.«
>
> *Alan Watts*

»Spielen« Sie auch mit technischen Geräten: Drehen Sie einen Film, zeichnen Sie das Training auf, gestalten Sie einen Werbespot und vieles mehr. Sobald die Teilnehmer ihre Angst vor dem Unbekannten verloren haben und Vertrauen in den Spielleiter, den Ort und die Gruppe gewonnen haben, werden sie sich auf das Ungewohnte einlassen.

Zerreden Sie Spiele nicht, reißen Sie einfach mit. Ihre Begeisterung steckt an. Ihre eigene Offenheit schenkt auch Ihnen immer wieder neue Erfahrungen und beglückende Erlebnisse, denn jeder Mitspieler, jede Gruppe und jede Aktivität im Spiel ist immer wieder neu und anders. Im Spiel findet die Gruppe heraus, wie sie miteinander kommuniziert und umgeht, wie sie kreativ gestaltet oder entwickelt, wie sie arbeitet und lernt, wie sie wahrnimmt und Erfahrungen sammelt, wie sie lacht und lebt. Der Seminarleiter spielt, sooft es geht, mit der Gruppe mit. Aber er darf darüber seine Funktion als Spielleiter nicht vergessen. Je besser er die Spiele, die Mitspieler und sich selbst als Spieler kennt, desto souveräner »spielt« er seine Rolle.

Da Spielhemmungen oder -ängste das Spiel, einzelne Spieler oder die ganze Gruppe stören und negativ beeinflussen können, ist es wichtig, sie von vornherein zu vermeiden.

Hilfreich können folgende Gesichtspunkte sein:

- Es gibt keine fremden Zuschauer.
- Die Gruppe ist ungestört.
- Der Seminarleiter spielt, sooft es geht, mit.
- Einfache Spiele, bekannte Spiele schaffen Sicherheit, also vom vertrauten zum ungewohnten Spiel.
- Die Spielregeln sollen klar und einfach sein.
- Der Raum hat Atmosphäre.
- Bei vielen Spielen unterstützt Musik.
- Bei vielen Spielen ist es wichtig, anschließend in der Gruppe die gemachten Erfahrungen auszutauschen.

Merke: Als Spielleiter bin ich für gute Vorplanung und Vorbereitung verantwortlich; auch für meine eigene Persönlichkeit, die ins Spiel kommt, denn wenn ich mitspiele, geht's auch um mich.

Der Seminarbeginn

1

Wichtiges vor Beginn

- Sicherheit schaffen, bevor das Spiel anfängt. Das heißt, alles, was verletzen könnte, ausschalten. Jeder Mitspieler soll sich sicher fühlen, denn während des Spiels vergißt er, daß er sich irgendwo weh tun könnte. Eine sichere Atmosphäre ermöglicht auch ängstlichen Naturen das Mitspielen.
- Auch der Spielleiter (Trainer) soll immer mitspielen, um den Teilnehmern zu zeigen, daß alles mit rechten Dingen zugeht.
- Bei Spielen mit geschlossenen Augen steht ein Mitspieler außerhalb des Aktionsfeldes und paßt auf, daß sich niemand stößt und verletzt.
- Falls sich jemand verletzt, muß der Spielleiter für Erste Hilfe sorgen und dafür, daß der Verletzte weggebracht wird und eine Person bei ihm bleibt. Lenken Sie als Spielleiter die Aufmerksamkeit vom Verletzten ab, denn vielleicht ist es ihm peinlich, von allen angestarrt zu werden.
- So wichtig wie die körperliche Sicherheit ist auch die psychologische Sicherheit. Nur wenn die Teilnehmer spüren, daß der Trainer auf ihr Wohlergehen achtet und selbst mitmacht, werden sie genug Vertrauen haben mitzuspielen, sich auch auf Neues, Ungewohntes einzulassen. Aus diesem Grund ist die richtige Auswahl der Spiele für die betreffende Gruppe von entscheidender Bedeutung. Es empfiehlt sich, mit sanften Spielen, die keine körperlichen oder psychischen Anforderungen stellen, zu beginnen. Dann wird auch der ängstlich Zurückhaltende schnell Mut fassen und mitmachen.
- Das Mitmachen muß aber freiwillig geschehen, keiner wird gezwungen. Es ist durchaus in Ordnung, wenn jemand mal nicht mitspielen will.
- Falls jemand das Spiel aber durch absichtlich störendes Verhalten kaputtmacht, stellen Sie ihm frei, lieber zuzuschauen oder den Raum zu verlassen, denn es stört die Harmonie in der Gruppe ganz entscheidend, wenn einer mit negativer Energie dagegenarbeitet. Der Trainer muß die Spielregeln geben, Grenzen setzen, notfalls unterbrechen oder sogar abbrechen, wenn das Spiel zu wild wird oder sonst aus dem Ruder läuft. Unterscheiden Sie dabei aber ganz klar zwischen einer Person und ihrem Verhalten, sonst gibt es Ärger. Ärger gibt es auch, wenn autoritär zum Spielen aufgefordert wird. Einladen zum Mitmachen bietet sich an, nicht aufdrängen, sondern neugierig machen auf das, was kommt, oder auch die Spiele ganz unmerklich in den Ablauf der Arbeit einbauen.

- Kurz und klar erklären, was gemacht werden soll und welchen Sinn es hat. Es ist dabei von Vorteil, schon vor der Erklärung die richtige Position (also: im Kreis stehen, auf dem Boden liegen etc.) einzunehmen. Dabei als Trainer alles vormachen, das weckt die Aufmerksamkeit, gibt Sicherheit und Vertrauen und vermeidet Mißverständnisse.
- Regeln können bei Lust und Laune mit Phantasie abgewandelt werden, denn nicht nur der Trainer weiß, wie das Spiel geht. Auch andere haben gute Ideen. Oder es entsteht beim Spielen ein neues Spiel, das die Gruppe kreiert.
- Wichtig ist der gute Kontakt zur Gruppe, das Einfühlungsvermögen in das momentane Befinden, denn die Spiele müssen der Stimmung der Gruppe angepaßt sein. Wenn die Gruppe müde ist, ist ein ruhiges Spiel angebracht, ist sie träge nach dem Essen, brauchen wir ein Spiel zum Energieaufbau. Ist die Gruppe voll Unruhe, hilft ein aktives Spiel, um die Spannung, vielleicht die Aggressivität abzubauen. Gibt es Konflikte, können auch diese mit einem Spiel bewältigt werden.
- Vielleicht geht eine gutgemeinte Aktivität einmal schief, dann lernen Sie aus den Fehlern, denn Fehler kann man thematisieren, und viel Positives, Neues entsteht aus Fehlern. Chaos macht ja bekanntlich kreativ.

Wie antwortete Th.A. Edison auf die Frage, was für ein Gefühl es denn sei, bei dem Versuch, eine Glühbirne herzustellen so oft versagt zu haben: »Ich habe nicht versagt, sondern erfolgreich Tausende von Arten entdeckt, wie Glühbirnen *nicht* herzustellen sind.«

Zum Beginn

Vor Beginn eines Seminars oder Workshops richte ich den Raum ein. Ich stelle meinen Recorder auf, hänge Bilder an die Wand, beschrifte das Flipchart mit einem Willkommensgruß; ich lege Namenskarten auf die Plätze, stelle einen Strauß auf den Tisch oder in die Mitte des Raumes auf den Fußboden und suche eine Begrüßungsmusik aus. Bevor die Teilnehmer kommen, stelle ich schon leise Musik ein, ich begrüße jeden an der Tür mit Handschlag und natürlich einem Lächeln, denn ich weiß ja, daß der erste persönliche Kontakt über Erfolg oder Mißerfolg des Trainings entscheiden mag. Und ich liebe den Erfolg!

Spiele zum Kennenlernen

- Kennen sich die anderen schon?
- Woher kommen die wohl?
- Zu wem könnte ich Kontakt aufnehmen?
- Bin ich dem/der da drüben sympathisch?
- Was bringt dieses Seminar?
- Ob ich mit denen klarkomme?
- Was erwartet der Seminarleiter von mir?

Das sind Fragen, wie sie am Anfang eines Seminars sicher in vielen Köpfen herumspuken. Fragen, bei denen es um die Beziehung geht:

- die Beziehungen der Gruppe zu mir,
- die Beziehungen der anderen Teilnehmer zueinander,
- die Beziehungen zum Seminarleiter.

Diese Fragen müssen geklärt werden, damit Ängste und Unsicherheiten, die dem Seminarablauf im Wege stehen und den Erfolg verhindern können, so früh wie möglich abgebaut werden. Dabei verhelfen unsere Spiele zum Gewinn. Nicht zum Sieg, zum Gewinn.

Die Kennenlernspiele schaffen den Übergang vom Alltag zur Seminarsituation, dienen dem Austausch allgemeiner Daten, beleuchten den persönlichen Hintergrund der anderen. Helfen uns, die Angst vor dem Austausch privater Informationen zu verlieren. Wir bewältigen mit ihnen die neue Situation in der neuen Umgebung, wir orientieren uns und überwinden Kommunikationsschwierigkeiten. Wir schaffen die Voraussetzungen für Kooperation und gemeinsames Arbeiten und probieren das im Spiel aus.

Ziel dieser Kennenlernspiele ist es nicht, alle bis ins letzte kennenzulernen, sondern daß möglichst alle Teilnehmer die erste Unsicherheit verlieren und tatsächlich in der Gruppe ankommen. Günstig sind folgende Anfänge:

- Spiele für die ganze Gruppe, denn so fühlt sich jeder geschützt (z.B.: Lockerungsübungen, Entspannungsübungen, Centering).

- Vorstellung mit Namensspielen.
  Achtung bei großen Gruppen! Wenn es viele Namen gibt, haben die letzten im Kreis Angst davor, sich zu blamieren.

Sitzen im Kreis

Von den Indianern ist bekannt, daß sie bei ihren Versammlungen immer im Kreis saßen und so alles berieten. Jeder kann jedem ins Gesicht sehen und wahrnehmen, wie sich der andere fühlt, ob er lacht oder weint.

»Der einzige Weg des Verstehens aber ist, wenn wir dem anderen Menschen ins Gesicht blicken können«. So sagte der Indianer Phillip Deere in einem Vortrag über den Kreis 1978 in der Schweiz.

Der Kreis schafft ein starkes Gefühl der Gemeinschaft, er verbindet jeden mit jedem und bildet so eine optimale Voraussetzung für eine offene und schützende Kommunikation.

Sitzen im Kreis eignet sich besonders gut für eine Anfangssituation oder auch zum Abschluß des gemeinsamen Arbeitens oder Spielens.

Wie es euch gefällt ...

Art: Ruhiges Spiel.

Beteiligte: Alle Gruppenteilnehmer.

Ziel: Ankommen in der Gruppe, sich öffnen.

Dauer: Je nach Teilnehmerzahl, eventuell Redezeit begrenzen. Ideal ist eine Redezeit von einer halben Minute pro Person. Zehn Minuten nicht wesentlich überschreiten.

Wir brauchen dazu: Viele möglichst große, schöne Kalenderfotos (eventuell ausgeschnitten, aufgeklebt, laminiert).

Wie geht es? Alle Spieler sitzen oder stehen im Kreis um die Fotos, betrachten sie und lassen sich von einem Foto spontan anziehen. Jeder holt sich das Foto, das ihm im Moment am besten gefällt. Haben alle ihr Foto gewählt, beginnt einer, ein paar Sätze zu diesem Bild zu sagen, zu seinem Gefühl, zu Gedanken, die ihm durch dieses Foto spontan in den Kopf gekommen sind. Dann legt er das Foto in den Kreis zurück. Der nächste fährt fort usw.

Besondere Hinweise: Mehr Fotos als die Teilnehmeranzahl auslegen, die Fotos sollten mindestens 30 x 30 cm groß sein. Hintergrundmusik-Empfehlung: Sky Dreams (Mannelli/Goldmann).

Wann einsetzen?

- Zum Ankommen am Morgen des neuen Seminartages.
- Um Ruhe zu finden.
- Als Redeanlaß.
- Zum Ausdruck von Gefühlen.

Achtung! Wenn sich zwei Teilnehmer auf das gleiche Foto stürzen, müssen sie sich einigen oder beide ein neues Foto wählen.

Gemaltes Du

Art: Kreatives Kennenlernspiel.

Beteiligte: Zuerst die ganze Gruppe, später in Paaren.

Ziel: Ankommen, sich einlassen, den anderen wahrnehmen.

Dauer: Je nach Gruppengröße ein bis zwei Stunden.

Wir brauchen dazu: Farbige Fotokartons, Malkreide.

Wie geht es? Wir beginnen die Übung mit leiser Meditationsmusik. Alle gehen im Raum umher, spüren die Atmosphäre des Raums, die Anwesenheit der anderen, werden sich ihrer selbst bewußt (ca. fünf Minuten). Dann gibt der Trainer den Hinweis: »Gehen Sie auf eine andere Person zu, begrüßen Sie diese Person und sagen Sie nur Ihren Vornamen. Sprechen Sie sonst nichts. Holen Sie sich dann jeder einen Karton und farbige Kreide, und malen Sie etwas, das für Sie diesen Partner kennzeichnet, darstellt oder was Ihnen zu Ihrem Partner in den Sinn kommt« (etwa zehn Minuten). Wenn alle fertig sind, beginnt ein Teilnehmer sein Plakat zu zeigen, zu deuten, was er damit sagen möchte und so den Partner vorzustellen. Der vorgestellte Partner fährt fort usw., bis alle fertig sind.

Besondere Hinweise: Die Plakate aufzuhängen ist eine nette Idee. Viele Teilhehmer nehmen das ihnen gewidmete »Bild« auch gerne mit nach Hause.

Wann einsetzen? Zu Beginn des Seminars zum Vertrautwerden.

Achtung! Keine Bewertungen des Vorgestellten zulassen.

Vorstellungsrunde

Art: Ruhiges Konzentrationsspiel.

Beteiligte: Die ganze Gruppe.

Ziel: Schnelles Namenlernen und -behalten.

Dauer: Je nach Größe der Gruppe.

Wir brauchen dazu: Kein zusätzliches Material.

Wie geht es? Alle Teilnehmer bilden einen Kreis, der erste sagt seinen Namen. Die anderen stampfen zweimal mit dem rechten Fuß auf und legen die Hand ans rechte Ohr, um besser zu hören; der Teilnehmer wiederholt seinen Namen, die Gruppe klatscht zweimal in die Hände und wiederholt seinen Namen. Der nächste fährt fort.

Wann einsetzen? In der Vorstellungsrunde.

Ich und Du sind Wir

Art: Sanftes Spiel (Integration der beiden Hirnhälften).

Beteiligte: Alle Gruppenteilnehmer (maximal 20 Personen).

Ziel: Wir lernen die Namen der einzelnen Teilnehmer.

Dauer: Je nach Teilnehmerzahl (Höchstdauer 30 Minuten).

Wir brauchen dazu: Kein zusätzliches Material.

Wie geht es? Alle Seminarteilnehmer bilden einen Kreis, schauen zur Mitte. Der Seminarleiter nennt seinen Namen (nur den Vornamen oder Vor- und Nachnamen) und macht dazu eine Körperbewegung (z.B.: Er tritt mit einem Fuß einen Schritt nach vorn). Er wiederholt den Namen nochmals und wendet sich dem linksstehenden Kollegen zu. Der nächste wiederholt den Namen und die dazugehörende Bewegung des Vorgängers und fügt seinen eigenen Namen und eine Bewegung dazu. So geht es reihum, bis alle an der Reihe waren.

Besondere Hinweise: Wenn die Übung stockt, darf natürlich geholfen werden.

Achtung! Wenn die Gruppe zu groß ist, wird es schwierig, alles zu behalten, dann eine andere Übung wählen.

Luftballonspiel

Art: Kennenlernspiel, Bewegung und Lockerung.

Beteiligte: Alle Teilnehmer.

Ziel: Auflockerndes, bewegtes Kennenlernen, Angstabbau.

Dauer: 15 Minuten.

Wir brauchen dazu: Pro Mitspieler einen Luftballon und einen wasserfesten Filzschreiber, eventuell Schnur und einen großen Raum, in dem sich die Teilnehmer frei bewegen können.

Wie geht es? Jeder bläst einen Luftballon auf, verknotet ihn und schreibt mit Filzstift seinen Namen drauf, dazu malt er noch ein Zeichen oder Motiv, das ihm gefällt. Bei lebhafter Popmusik tanzt jetzt jeder durch den Raum und balanciert den Ballon auf den Fingerspitzen. Der Ballon darf nicht auf den Boden fallen. Fällt er, setzt sich der Spieler auf seinen Stuhl.

Variation 1: Ballons von einem zum anderen – auf den Fingerspitzen schwebend – weitergeben, dabei die Namen lesen und sich anschauen.

Variation 2: Paare bilden und mit dem Ballon zwischen den Stirnen/Schultern/Rücken weitertanzen.

Variation 3: Alle Ballons auf den Boden legen, mit geschlossenen Augen weiterbewegen und dabei keinen Ballon zertreten.

Variation 4: Ballons ans rechte Bein der Mitspieler binden. Jeder versucht, Ballons der anderen zu zertreten, aber den eigenen zu schützen.

Die Grenzen überschreiten

Art: Denkspiel.

Beteiligte: Die ganze Gruppe oder Kleingruppen im Wettstreit.

Ziel: Finden Sie möglichst schnell eine Lösung.

Dauer: Fünf Minuten.

Wir brauchen dazu: Pro Person oder pro Kleingruppe eine Kopie der Zeichnung unten.

Wie geht es? Verbinden Sie alle neun Punkte mit vier zusammenhängenden geraden Linien (Auflösung auf Seite 246).

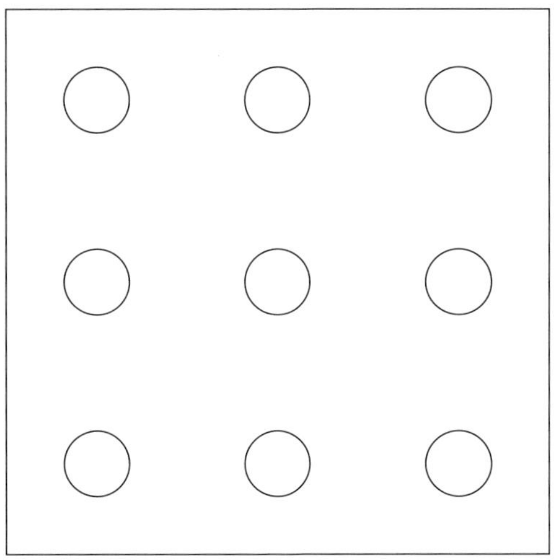

Wann einsetzen? Als Konzentrationsübung oder zum Bewußtmachen, daß der Mensch über die Grenzen denken muß und kann. Die Frage dabei an jeden: »Wie steht es mit meiner Kreativität?«

Achtung! Weisen Sie als Trainer darauf hin, daß sich bei den »Spielen« niemand blamiert.

Intelligenztest

Art: Gemeines Spiel der hinterhältigen Art.

Beteiligte: Die ganze Gruppe.

Ziel: Ein neues Bewußtsein schaffen für Aufmerksamkeit.

Dauer: Drei Minuten.

Wir brauchen dazu: Je Mitspieler eine Spielkopie des Intelligenztest.

Wie geht es? Händigen Sie den Test aus, und bitten Sie die Teilnehmer, ohne zu sprechen den Bogen in drei Minuten auszufüllen. Wer fertig ist, dreht das Blatt um. Wer den Test schon einmal gemacht hat und im Vorteil wäre, wird gebeten, das Blatt sofort umzudrehen.

Besondere Hinweise: Dieser »Test« dient nur dem Aha-Erlebnis. Ich habe umwerfend gute Erfahrungen damit gemacht.

Wann einsetzen? Am Beginn einer Phase, in der es um besondere Achtsamkeit geht.

Intelligenztest

Datum: ____________

Lesen Sie sich bitte zuerst alle Fragen gründlich durch, bevor Sie sie beantworten. Sie haben insgesamt drei Minuten Zeit.

1. Wer komponierte die Oper »Aida«? ______________________________
2. Wer schrieb das Buch »Krieg und Frieden«? ______________________________
3. Wo fand 1954 die Fußballweltmeisterschaft statt? ______________________________
4. Setzen Sie die Zahlenreihe fort: 2 – 4 – 6 – ______________________________
5. Von wem stammen die Figuren »Max und Moritz«? ______________________________
6. Wann lebte »Karl der Große«? ______________________________
7. Wie viele Kontinente gibt es auf der Erde? ______________________________
8. Wer erfand die Glühbirne? ______________________________
9. Welches Land produziert das meiste Öl? ______________________________
10. Wie heißt das westliche Verteidigungsbündnis? ______________________________
11. Wie viele Tierkreiszeichen gibt es (Stier, Wassermann etc.)? Nur die Anzahl: ____________
12. Durch wen wurde Napoleon besiegt? ______________________________
13. Füllen Sie nur das heutige Datum oben links aus. Alles andere können Sie sich sparen. Genießen Sie noch zwei Minuten Ruhe.

Typen erkennen

Art: Ruhiges Spiel.

Beteiligte: Je zwei Teilnehmer.

Ziel: Klären, ob Sie ein visueller, auditiver oder kinästhetischer Typ sind.

Dauer: 30 Minuten.

Wir brauchen dazu: Pro Person eine Spielkopie.

Wie geht es? Eine Person liest die Begriffe, die links stehen, vor, z.B. »Kaffee«. Der andere, der das Blatt vor sich liegen hat, kreuzt an, ob er diesen Kaffee vor sich sieht oder ob er etwas dabei spürt oder ihn riecht oder schmeckt.

Wann einsetzen? Zu Beginn des Trainings. Sie wissen dann, welche Methode für welchen Teilnehmer die richtige ist, und wie Sie ihn richtig ansprechen.

	Ich sehe	**Ich höre**	**Ich spüre**	**Ich rieche**	**Ich schmecke**
Kaffee					
Meer					
Spielende Kinder					
Flieder					
Baum					
Flugzeug					
Gänsebraten					
Regen					
Kuhstall					
Schmirgelpapier					
Kneipe					
Ferien					
Katze					
Seife					
Turnstunde					
Zitrone					
Gewitter					
Seide					
Frisches Brot					
Wasserfall					
Früher Morgen					
Kerze					
Sonnenuntergang					

Do it

Art: Bewegung und Lockerung.

Beteiligte: Die ganze Gruppe.

Ziel: Bewegung und Angstabbau am Beginn eines Seminars.

Dauer: 15 Minuten.

Wir brauchen dazu: Einen großen Raum, flotte Musik.

Wie geht es? Zur Musik bewegen sich alle Mitspieler durch den Raum. Nach zwei Minuten stellt der Trainer die Musik ab. Jetzt gibt er ein Kommando, z.B.:

- So schnell wie möglich so viele Hände schütteln, wie in dieser Zeit zu fassen sind.
- Ganz schnell in alle vier Ecken des Raumes laufen und sie mit einer Hand abklatschen.
- So vielen Mitspielern wie möglich einen *leichten* Klaps auf die Schulter geben.
- Sobald die Musik wieder spielt, auf den Knien durch den Raum rutschen, aber auf den Rhythmus achten.
- Sich schnell auf den Boden legen und erst wieder aufstehen, wenn die Musik weiterspielt.
- Mit einem Partner weitertanzen.
- Auf einem Bein im Rhythmus hüpfen usw.

Besondere Hinweise: Ihrer Phantasie sind keine Grenzen gesetzt. Je lustiger, desto schneller wird die Angst der Teilnehmer verschwinden, und die Vertrautheit wird wachsen.

Schau genau!

Welcher Kreis in der Mitte ist größer?

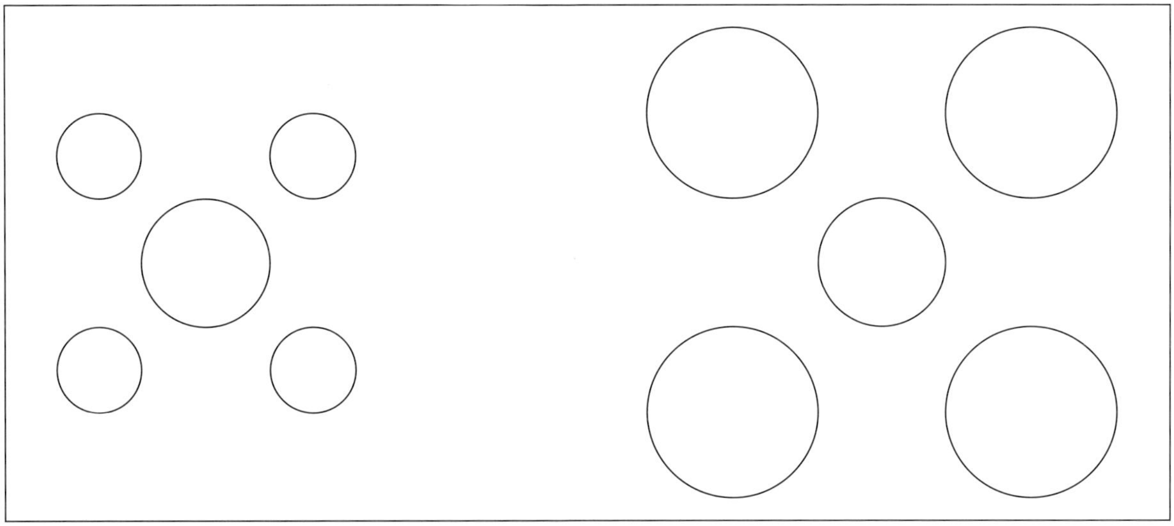

Dieser Test soll vor allem zu Beginn die Aufmerksamkeit schärfen. Auflösung Seite 246.

Interview

Art: Kommunikatives Spiel.

Beteiligte: Je zwei Personen.

Ziel: Kennenlernen.

Dauer: Eine Stunde.

Wir brauchen dazu: Eventuell pro Person ein vorbereitetes Blatt mit den Stichworten des Interviews.

Wie geht es? Die Paare gehen 20 Minuten zusammen spazieren. Dabei stellen sie sich gegenseitig Fragen nach:

- Namen (auch Spitznamen)
- Alter, Familie, Eltern, Geschwister
- Schule, Berufsausbildung
- Geburtsort
- Wohnort
- Interessen
- Urlaub/Reisen
- Was machen Sie gern/ungern?
- Welche Wünsche und Erwartungen ans Seminar haben Sie mitgebracht?

Im Plenum stellt dann einer den anderen vor.

Besondere Hinweise: Der Trainer kann die Fragen auf Karten an die Pinwand heften.

Wann einsetzen? Am Anfang des Seminars.

Achtung! Fragen Sie zum Schluß den Partner, ob die Vorstellung so sachlich richtig war.

Herzliche Grüße von ...

Art: Kreatives Kennenlernspiel.

Beteiligte: Die ganze Gruppe bis maximal zehn Spieler; bei größeren Gruppen teilen.

Ziel: Selbstdarstellung, Kennenlernen der anderen Teilnehmer.

Dauer: 1. Phase 15–20 Minuten, 2. Phase 30 Minuten.

Wir brauchen dazu: Pro Spieler ein DIN-A4-Blatt und farbige Stifte (Filzstifte, Farbstifte, Wachsmalstifte etc.).

Wie geht es? Jeder malt eine Ansichtskarte, bei der es nicht auf Schönheit ankommt, die aber etwas über ihn aussagt; z.B.: über seinen Beruf, Wohnort, Hobby. Es kann auch eine Collage aus Stichworten, Skizzen, Bildern sein. Wenn die erste Phase beendet ist, kann es weitergehen:

- Alle Karten werden aufgehängt, und jeder erläutert kurz sein Bild.
- Die Karten werden gemischt, und jeder zieht eine Karte und beschreibt, was er daraus »liest«, dann rät er den »Absender«. Der wirkliche Sender der Karte ergänzt das Gesagte.
- Alle dürfen nachfragen, weshalb beispielsweise gerade diese Dinge gemalt wurden etc.

Besondere Hinweise: Durch intensives Nachfragen geht diese Übung über das Oberflächliche hinaus.

Wann einsetzen? Am Ende des ersten Seminartages.

Alltagstorte

Art: Kennenlernspiel.

Beteiligte: Je zwei Personen, die sich intensiver kennenlernen möchten.

Ziel: Gegenseitiges Kennenlernen und Erkennen der Wertigkeit der eigenen Aktivitäten.

Dauer: 30 Minuten oder länger.

Wir brauchen dazu: Pro Spieler zwei DIN-A4-Blätter und Stifte.

Wie geht es? Jeder Mitspieler fertigt sich eine Liste all der Aktivitäten an, die in seinem Alltag Platz finden. Dann zeichnet er einen großen Kreis auf ein Blatt. Dieser Kreis symbolisiert alles, wofür er Energie und Zeit aufwendet. Dann unterteilt er den Kreis (= die Torte) in einzelne Stücke, die unterschiedlich groß sind, je nachdem, wieviel Raum die einzelnen Tätigkeiten im Verhältnis zum Ganzen und zu den anderen einnehmen. Jetzt treffen sich die Paare, und jeder erklärt dem Partner die eigene Torte.

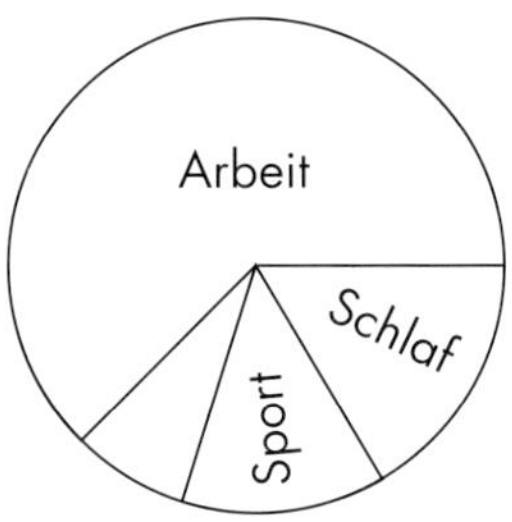

Besondere Hinweise: Die Torten können auch im Plenum präsentiert werden. Dabei kann die Gruppe auswerten, ob es Dinge gibt, die bei mehreren an erster Stelle stehen. Ob es erstaunliche Dinge gibt; ob alles ganz selbstverständlich ist. Vielleicht sind die Zeichnenden selbst überrascht.

Variation 1: Die Wunschtorte: Wie wünschte ich meine Tage? Wieviel Zeit und Raum für welche Aktivität?

Variation 2: Die Idealtorte: Was kann ich tun, um dem Idealzustand näher zu kommen?

Wann einsetzen? Diese beiden Ideen sind im Lebensplanungsseminar oder im Antistreßtraining sowie im Zeitmanagementseminar sehr gut einsetzbar. Am Abend des ersten Seminartages.

Kontakt

Art: Sanftes Spiel der verbalen und nonverbalen Kommunikation.

Beteiligte: Die Seminargruppe wird in zwei gleich große Gruppen geteilt.

Ziel: Kontaktaufnahme über eine bestimmte Entfernung, intensives Kennenlernen.

Dauer: 20 Minuten.

Wir brauchen dazu: Einen Spielleiter, der die Gruppen anleitet, auf welche Art sie Kontakt herstellen sollen.

Wie geht es? Die beiden Gruppen stehen sich in etwa fünf Meter Entfernung gegenüber. Dieser räumliche Abstand soll durch Kommunikation überwunden werden. Der Spielleiter stellt folgende Aufgaben:

- Die eine Gruppe kommuniziert lautstark mit Worten mit der anderen.
- Jeder Spieler spricht mit einem der anderen Gruppe.
- Jeder Spieler sucht Augenkontakt mit einem auf der anderen Seite.
- Jeder Spieler macht sich einem anderen irgendwie bemerkbar.

Besondere Hinweise: Finden alle einen Partner? Wer hat mit wem Kontakt?

Wann einsetzen? Zum Üben von persönlichem Einsatz zur Überwindung von Distanz. Zum Einstieg in ein neues Thema.

Modenschau

Art: Kennenlernspiel.

Beteiligte: Je zwei Personen, wenn möglich, eine Dame und ein Herr, aber keine Ehepaare.

Ziel: Genaues Beobachten üben.

Dauer: Ca. sieben Minuten pro Paar.

Wir brauchen dazu: Pro Paar einen Zettel oder eine Karte.

Wie geht es? Wenn es möglich ist, sucht sich jede Dame einen Herrn und unterhält sich drei Minuten mit ihm. Dann verlassen die Damen den Raum, und die Herren werden gebeten, eine kurze Beschreibung ihrer Dame aufzuschreiben. Der Spielleiter sammelt nach zwei Minuten die Zettel ein, die Damen kommen wieder rein, und der Spielleiter liest jetzt nacheinander die Beschreibungen vor. Kann man die Damen nach der Beschreibung erkennen? Die von der Gruppe erkannte Dame bittet er aufzustehen.

Besondere Hinweise: Wer beschreibt am genauesten?

Wann einsetzen? Auch am Abend des ersten Seminartages.

Vorurteile

Art: Kennenlernspiel.

Beteiligte: Die ganze Gruppe.

Ziel: Intensiveres Kennenlernen, Erkennen, wie falsch erste Eindrücke oft sind.

Dauer: Bei zehn Personen dauert es etwa eine Stunde.

Wir brauchen dazu: Pro Person eine Spielkopie, auf der *vier Sätze* angefangen sind, z.B.:

- Ich halte mich für einen Menschen mit diesen Eigenschaften ...
- In diesen Situationen fühle ich mich wohl ...
- Am liebsten möchte ich so leben ...
- Den letzten Urlaub verbrachte ich in ...
- Von dieser Gruppe erwarte ich ...
- Mein großes Vorbild heißt ...

Sicherheitsnadeln oder Klebestreifen zum Anheften der Zettel.

Wie geht es? Jeder Mitspieler beendet die Sätze für sich stimmig. Dann faltet er den Zettel zusammen. Alle Zettel werden eingesammelt, gemischt, und jeder zieht wieder einen. Der erste beginnt mit dem Vorlesen »seines« Zettels. Die Gruppe berät, wer den wohl ausgefüllt hat. Jeder begründet seine Meinung. Sobald sich die Gruppe einig ist, heftet er diesen Zettel der betreffenden Person an. Wenn alle Zettel vergeben sind, wird eröffnet, ob die Zuordnung stimmte oder nicht. Dann bekommt jeder Spieler wieder seinen eigenen Zettel und liest ihn vor. Er kann Erläuterungen dazu geben oder auch nachfragen, wie die anderen auf diese oder jene Idee kamen.

Besondere Hinweise: Arbeiten Sie die Fragen je nach Zusammensetzung der Gruppe aus.

Wann einsetzen? Vielleicht am Abend des ersten Tages.

Achtung! Achten Sie als Spielleiter darauf, daß keine Be- oder Abwertungen ausgesprochen werden.

Personenraten

Art: Kommunikationsspiel zum Kennenlernen.

Beteiligte: Die ganze Gruppe.

Ziel: Kontakt aufnehmen, Fragen stellen und erraten, wer man selbst ist.

Dauer: 20 Minuten.

Wir brauchen dazu: Pro Mitspieler ein DIN-A4-Blatt weißes Papier oder eine Moderationskarte und eine Sicherheitsnadel.

Wie geht es? Jeder Mitspieler schreibt auf sein Blatt den Namen einer bekannten Persönlichkeit. Dieses Blatt heftet er einem Mitspieler auf den Rücken; natürlich darf dieser nicht lesen, was auf dem Blatt steht. Nun versuchen alle durch Befragen der anderen herauszukriegen, wer sie selbst sind. Auf alle Fragen darf nur mit »Ja« oder »Nein« geantwortet werden. Wenn jemand seinen Namen errät, nimmt der Gefragte ihm das Blatt vom Rücken, denn er darf es jetzt an seine Brust heften.

Besondere Hinweise: Durch das Fragen und Antworten werden viele Teilnehmer angesprochen, genau betrachtet und ein intensiver Kontakt hergestellt.

Wann einsetzen? Wenn das Kennenlernen intensiviert werden soll.

Pustegruppen

Art: Sanftes Bewegungsspiel.

Beteiligte: Die ganze Gruppe.

Ziel: Kleingruppen bilden, kurze Atempause.

Dauer: Fünf Minuten.

Wir brauchen dazu: Pro Person einen Luftballon, je zu bildende Gruppe eine andere Farbe. Also: bei 15 Seminarteilnehmern, die drei Gruppen bilden sollen, je fünf rote, gelbe, grüne Luftballons bereitlegen.

Wie geht es? Jeder Teilnehmer schnappt sich auf Kommando einen Ballon und bläst ihn, so schnell er kann, auf. Knoten rein und dreimal in die Luft werfen. Dann finden sich alle Teilnehmer mit roten Ballons zu einer Gruppe, alle mit blauen bilden die zweite Gruppe, und wer einen grünen Ballon aufgeblasen hat, gehört zu Gruppe drei.

Besondere Hinweise: Mehr Luftballons mitbringen, als benötigt werden.

Wann einsetzen? Wenn der Trainer nicht die Zusammensetzung der Gruppen bestimmen will und auch nicht gewählt werden soll, in welche Gruppe jeder geht, ist dieses Spiel geeignet.

Kleingruppen bilden

Art: Vorbereitung auf die Seminararbeit.

Beteiligte: Die ganze Gruppe.

Ziel: Zufallsgruppen finden sich.

Dauer: Je nach Übung verschieden.

Wir brauchen dazu: Diverse Materialien in ausreichender Menge, z.B.: Luftballons, Ansichtskarten, Kalenderbilder, Bonbons, Blumen, Fäden oder Schnüre usw.

Wie geht es? Im Sommer bringe ich einen großen Blumenstrauß mit je zwei, drei oder vier gleichen oder gleichfarbigen Blüten mit in den Seminarraum. Für jede Person brauche ich eine Blüte. Jeder Teilnehmer nimmt sich eine Blume. Diejenigen, die die gleiche Blüte gewählt haben, bilden eine Gruppe.

Besondere Hinweise: Es ist vorteilhaft, Kleingruppen nach dem Zufallsprinzip zu bilden, denn dann mischt sich die Gruppe, bestehende Cliquen trennen sich, keiner bleibt in der Ecke stehen, es entsteht Bewegung, die frisch macht für den folgenden Teil des Seminars, und nicht der Trainer bestimmt, wer mit wem übt oder arbeitet.

Wann einsetzen? Vor Beginn einer Kleingruppenarbeit oder zum Kennenlernen und gegenseitigen Vorstellen.

Variation 1: So viele Ansichtskarten, wie Gruppen gebildet werden sollen, in jeweils so viele Stücke schneiden, wie die Gruppe Mitglieder haben soll. Alle Stücke gut mischen. Jeder Teilnehmer zieht ein Stück und sucht die passenden Teile bei den anderen. Paßt alles zusammen, hat sich die Gruppe gefunden.

Variation 2: Zerschneiden Sie Karten oder Bilder mit dem gleichen Motiv (z.B. Autos). Noch kniffliger wird die Sache, wenn alle Autos dieselbe Farbe haben.

Variation 3: Bilden Sie Gruppen nach den Geburtsmonaten oder den vier Jahreszeiten.

Variation 4:

Alle Teilnehmer stehen im Raum, der Trainer geht von einem zum anderen und flüstert jedem einen Vokal (A, E, I, O oder U) ins Ohr. Vergeben Sie so viele Vokale, wie Sie Gruppen bilden wollen. Auf das Kommando des Trainers murmelt oder singt jeder seinen Vokal vor sich hin. Allmählich finden sich dann alle A, alle E usw. zu Gruppen.

Variation 5:

Eine Schale mit Bonbons füllen, für jede Gruppe eine andere Sorte, für jeden Teilnehmer ein Bonbon.

Variation 6:

Sprichwörter zerschneiden, natürlich in so viele Teile, wie Personen in der Gruppe sein sollen. Die Stücke mischen, jeder zieht ein Stück und sucht dann die richtigen Partner.

Variation 7:

Wenn Sie mehr Zeit aufwenden wollen, die Teilnehmer sich intensiver miteinander beschäftigen sollen oder eine bestimmte Sache geübt werden soll, wählen Sie Texte, wie z.B.: Werbetexte, Fabeln, Metaphern, Liedtexte oder Texte zum Weiterbildungsthema. Zerschneiden Sie die Texte jeweils wieder in so viele Stücke, wie die Kleingruppe Mitglieder haben soll.
Wenn Sie die Karten, Bilder oder Texte vor dem Zerschneiden laminieren, können Sie diese immer wieder verwenden.

Variation 8:

Denken Sie sich Oberbegriffe aus, z.B.: Tiere. Nun suchen Sie sich Bilder von Affen, Löwen, Krokodilen. Alle diese Tiere leben in Afrika und können also die Gruppe »Afrikanische Tiere« bilden; dazu dann eine zweite Gruppe »Tiere der Arktis« usw. Oder wählen Sie Pflanzen: Kamille, Salbei, Pfefferminze bilden eine Gruppe »Heilpflanzen«. Rose, Nelke, Tulpe bilden die Gruppe »Zierpflanzen« usw.
Solche Spiele können Sie, wenn Sie Spaß daran haben, auch sehr knifflig gestalten oder maßgeschneidert für ein ganz bestimmtes Training, für eine bestimmte Branche oder Firma.

Variation 9:

Auch das, was wir besonders mögen, kann uns in eine Gruppe führen, z.B.:

- Urlaub in Griechenland,
- italienisches Essen,
- Computerspiele usw.

Desuggestion I

Art: Einzelarbeit mit folgender verbaler Gruppenaktivität.

Beteiligte: Die ganze Gruppe.

Ziel: Öffnen für Neues, Lernbereitschaft vergrößern, Altes loslassen.

Dauer: Eine Stunde.

Wir brauchen dazu: Moderationskarten und Stifte.

Wie geht es? Jeder Teilnehmer notiert sich Redensarten und typische Aussagen seiner Eltern und Lehrer, die sich auf seine Intelligenz, Lernfähigkeit, Erfolgsaussichten u.ä. beziehen (z.B.: »Das ist zu schwer, das schaffst du nie«, »Das ist mein Sohn Herbert, der ist doof«, »Du lernst das doch nie und nimmer«). Je ein Ausspruch wird auf eine Moderationskarte geschrieben und an die Pinwand geheftet. Die Gruppe diskutiert darüber, und der jeweils Betroffene streicht das, was er vorher geschrieben hat, mit Entschiedenheit aus. Dazu kann er noch eine Affirmation sprechen, wie beispielsweise »Ich schaffe es«.

Besondere Hinweise: Diese Übung kann starke Emotionen auslösen. Der Trainer sollte psychologische Erfahrung oder eine entsprechende Ausbildung haben.

Wann einsetzen? Am Beginn eines Seminars oder einer speziellen, intensiven Lernsequenz.

Desuggestion II

Art: Einzelarbeit mit folgender verbaler Gruppenaktivität.

Beteiligte: Die ganze Gruppe.

Ziel: Öffnen für Neues, Lernbereitschaft vergrößern, Altes loslassen.

Dauer: Eine Stunde.

Wir brauchen dazu: Luftballons, Wäscheleine oder Schnur und Klammern, Dartpfeile oder Stecknadeln.

Wie geht es? Die negativen Aussagen, die die Teilnehmer aus der Kindheit kennen, schreiben sie auf die aufgeblasenen Luftballons, die sie an die Wäscheleine, die quer durch den Raum gespannt ist, hängen. Ist das geschehen, darf jeder mit Genuß und Beifall der Gruppe seine Suggestionen zerplatzen lassen.

Wann einsetzen? Am Beginn des Kurses.

Achtung! Emotionen werden wach. Suggestopädisch oder psychologisch ausgebildete Trainer erforderlich.

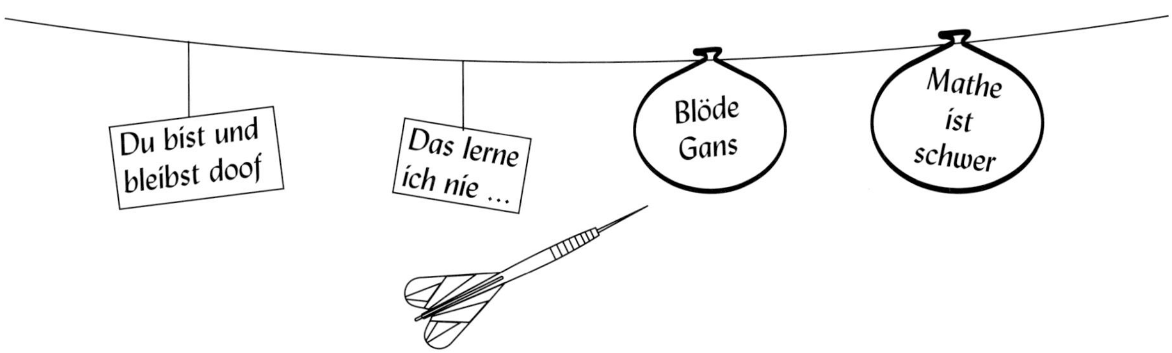

Desuggestion III

Art: Phantasiereise.

Beteiligte: Die ganze Gruppe.

Ziel: Öffnen für Neues, Lernbereitschaft vergrößern, Altes loslassen.

Dauer: 30 Minuten.

Wir brauchen dazu: Leise meditative Musik und einen gut gestalteten Text, den der Trainer spricht.

Wie geht es? Die Teilnehmer entspannen sich nach Anleitung des Seminarleiters und begeben sich auf eine Reise in die Vergangenheit. »Dort« treffen sie viele wohlbekannte negative Suggestionen von »Damals« wieder. Diese »Dort-und-Damals-Erlebnisse« sammeln sie in einer großen Kiste und schließen sie darin fest und sicher ein. Die Kiste wird vergraben oder in einem Fluß versenkt. Wenn das geschehen ist, verlassen alle diesen Ort und gehen in der Phantasie an einen wunderschönen Traumort, wo eine goldene Schatztruhe bereits geöffnet wartet, um mit den Erlebnissen des »Hier und Heute« gefüllt zu werden.

Wann einsetzen? Am Beginn des Seminars einsetzen.

Achtung: Emotionen können wach werden, deshalb sollte der Trainer eine psychologische Ausbildung haben.

Desuggestion IV

Art: Phantasiereise.

Beteiligte: Die ganze Gruppe.

Ziel: Altes loslassen und ankommen im Hier und Jetzt.

Dauer: 30 Minuten.

Wir brauchen dazu: Leise meditative Musik, eventuell Geräusche aus der Natur.

Wie geht es? Die Teilnehmer entspannen sich nach Anleitung des Seminarleiters und begeben sich auf eine Phantasiereise in einem Fesselballon. Bei dieser Fahrt ist es immer wieder nötig, höherzusteigen und deshalb Ballast abzuwerfen. Ballast sind in diesem Falle Einschärfungen und negative Suggestionen aus der Kinderzeit, wie z.B.:»Das packe ich nicht« oder »Was Hänschen nicht lernt ...« usw.

Besondere Hinweise: Besonders gut geeignet zur Desuggestion vor intensiven Lernseminaren oder Umschulungen.

Wann einsetzen? Einsetzen, wenn die Teilnehmer demotiviert und negativ beeinflußt sind.

Achtung! Dabei werden Emotionen wach. Manchmal ist eine psychologische und therapeutische Begleitung des Trainers nötig. Nur für erfahrene Trainer geeignet.

Affirmationen

Art: Sanftes Spiel.

Beteiligte: Wer sich selbst verändern möchte.

Ziel: Ziel ist es, sich selbst zu achten, anzunehmen und zu lieben.

Dauer: Täglich fünf Minuten üben. Konsequent durchführen. Es dauert drei bis vier Wochen, bevor sich ein Verhalten zu ändern beginnt.

Wir brauchen dazu: Einen Spiegel.

Wie geht es? Schauen Sie sich 30 Sekunden in die Augen, atmen Sie ruhig und tief durch. Legen Sie die rechte Hand aufs Herz, das beruhigt und verbindet Sie mit Ihrem Selbst. Sprechen Sie die Affirmationen sehr langsam und bewußt und mit Überzeugung, damit Sie tief in Ihre Persönlichkeit eindringen.

Wählen Sie Affirmationen wie:

- Ich bin fähig.
- Ich bin ein wertvoller Mensch.
- Ich liebe mich.
- Ich habe große Angst. Es ist in Ordnung, Angst zu haben, und ich schaffe es.
- Ich bin kein Kind meiner Eltern mehr. Ich habe das Recht, ihre »Spielregeln« in bezug auf mein Leben zu ändern.

Besondere Hinweise: Diese Übung kann anfangs sehr schwierig sein, eine Minute erscheint wie eine Ewigkeit. Ziel ist es, bis zu 30 Affirmationen zu sprechen. Beginnen Sie jedoch mit nur drei bis fünf Aussagen.

In der Pause

Bewegungs- und Lockerungsspiele

Ziel dieser Spiele ist

- körperliche und geistige Entspannung erreichen,
- Freude beim Spielen erleben und zeigen,
- Unsicherheit und Angst abbauen,
- Kontakt zu den Mitspielern aufnehmen.

Die Bewegung bei diesen Spielen kommt den motorischen Bedürfnissen entgegen und wirkt als Eisbrecher. Diese Spiele beziehen das körperliche Ausdrucksvermögen mit ein, das normalerweise durch unsere Erziehung zu fast ausschließlich verbaler Kommunikation verkümmert.

Um so erstaunlicher ist die Tatsache, daß die nonverbale, also die Körpersprache immer weit mehr Aussagekraft hat als die verbale. Wieviel mehr aber hätten wir an Ausdrucksmitteln, wenn wir den Körper als zentralen Bestandteil unserer Persönlichkeit mehr üben und weiterentwickeln würden.

Gymnastische Übungen

> Wer sich bewegt, bewegt auch etwas.

Sicher ist es einer der Träume der Menschen, gesund und jung zu bleiben. Mit etwas Disziplin läßt sich in diese Richtung eine Menge tun. Die wichtigsten Voraussetzungen für Gesundheit und jugendlichen Schwung sind richtige Ernährung und Bewegung. Sie verhindern Kreislauferkrankungen, bewahren die Elastizität und verhindern Stoffwechselleiden. Wenn wir uns körperlich wohl fühlen, sind wir auch gut gestimmt, leistungsfähig und auf dem besten Wege, alt zu werden, nicht, alt zu sein.

Wenn Sie täglich fünf Minuten Gymnastik machen, fühlen Sie sich frisch und fit für den Rest des Tages. Dabei kommt es nicht darauf an, ein Muskelprotz zu werden, sondern spielerisch ohne Kraft und Anstrengung körperliche und geistige Lockerung zu erreichen.

Also, öffnen Sie die Fenster weit, atmen Sie tief ... und auf geht's.

Für jeden eignen sich beispielsweise alle isometrischen Übungen, aber besonders die 6 x 6-Sekunden-Übung:

- Drücken und krümmen Sie Ihre Zehen ganz fest nach unten, als ob Sie mit dem Fuß eine Faust ballen wollen. Krümmen Sie den Fuß ganz fest, und halten Sie die Spannung sechs Sekunden lang. Zählen Sie dabei bis sechs, und atmen Sie ruhig weiter. Danach lassen Sie locker, sechs Sekunden lang.
- Jetzt spannen Sie die Füße und alle Beinmuskeln und den Po kräftig an. Wieder sechs Sekunden, so fest Sie können, anspannen. Dann loslassen, ganz locker lassen. Genießen Sie sechs Sekunden die Entspannung.
- Jetzt kommen Bauch und Rücken dran. Ziehen Sie den Bauch ein, richtig nach innen wölben und gleichzeitig die Rückenmuskeln dagegendrücken. Ruhig atmen und sechs Sekunden halten. Danach entspannen Sie sich sechs Sekunden.
- Als nächstes spannen Sie den ganzen Oberkörper (Brust, Rücken, Nakken und Arme), ballen die Fäuste und spannen alles, so fest Sie können, an. Sechs Sekunden die Spannung halten, dann sechs Sekunden locker lassen.
- Schließen Sie die Augen, und schneiden Sie eine Grimasse, dabei spannen sie alle Gesichtsmuskeln so fest wie möglich an. Sechs Sekunden halten, dann sechs Sekunden entspannen.
- Zuletzt nehmen wir alle Einzelübungen zusammen und spannen von den Zehen bis zu den Haarspitzen den ganzen Körper, alle Muskeln fest an. Sechs Sekunden bleiben alle Muskeln gespannt, dann lassen Sie lokker und spüren sechs Sekunden lang das Gefühl der totalen Entspannung. Dieses Gefühl des Behagens wollen Sie sicher öfter haben. Deshalb üben Sie diese Entspannungsmethode ein paar Mal, damit Sie sie jederzeit parat haben und danach Körper und Geist so aktiviert haben, daß Sie auf alle Situationen des Alltags bestmöglich vorbereitet sind und die Ganzheit Ihrer Person (Körper, Geist und Seele) voll handlungsfähig ist.

Aufwärmübungen

- *Atemübungen* fördern die Entspannung und die Konzentration; mit ihnen gewinnt der Mensch neue Energie.
- *Gymnastische Übungen* aktivieren den Blutkreislauf, der Körper und das Gehirn werden besser durchblutet und mit Sauerstoff und Nähr-

stoffen versorgt. Das Gehirn verfügt so über die nötige Energie zur vollen Leistung. Der Mensch ist hellwach und entspannt und hat jetzt die besten Voraussetzungen für größtmögliche Lernbereitschaft und Lernfähigkeit.

Wissenschaftlich ist es längst bewiesen, daß diese Aktivitäten das Gehirn jung halten, und bei anhaltendem Training der »grauen Zellen« bleibt das Gehirn auch im Alter voll leistungsfähig.

Sportgeräte

Wenn ich Trainings durchführe, habe ich immer auch Sportgeräte dabei, denn ohne Bewegung bewegt sich nichts im Leben.

Mit Bewegung als Ausgleich zum langen Sitzen, zu intensiver Kopfarbeit und starker Konzentration tanken wir Sauerstoff und neuen Schwung.

In meiner Kiste befinden sich:

- Springseile
- Koosh-Bälle
- Soft-Volley-Bälle
- Gummischnüre
- Trimmscheiben
- Expander
- Dartboards
- Frisbyscheiben
- Federbälle
- Schwungtuch
- Ministepper

Es genügt oft schon, die Kiste einladend geöffnet hinzustellen, und in der ersten Pause finden sich Interessierte, die anfangen, in die Schatztruhe zu greifen und sich oft nach Lust und Laune ohne Regeln, ohne Aufforderung, ohne Zwang zu bewegen.

Diese und viele andere Sportgeräte finden Sie bei: Sport-Thieme GmbH (siehe Empfehlungen, S. 249).

Balanceakt

Art: Bewegungsspiel, drinnen oder draußen.

Beteiligte: Wer möchte, spielt mit.

Ziel: Gleichgewicht halten.

Dauer: Pro Person ca. zwei Minuten.

Wir brauchen dazu: Kreide, um einen Strich auf der Straße zu ziehen, oder eine Schnur zum Auslegen im Zimmer oder im Gras. Ein Fernglas.

Wie geht es? Ziehen Sie einen 5–7 m langen Kreidestrich draußen, oder legen Sie die Schnur gerade durch einen Raum. Balancieren Sie auf der Linie (Kreidestrich oder Schnur), während Sie durch ein umgedrehtes Fernglas schauen. Weil die Füße jetzt winzig klein erscheinen, ist es schwierig, die Balance zu halten.

Besondere Hinweise: Gut geeignet für eine Atempause im Freien.

Wann einsetzen? In der Pause.

Der Gordische Knoten

Art: Problemlösung. Bewegungsspiel, nicht ganz sanft.

Beteiligte: Alle Seminarteilnehmer oder Gruppen mit zehn Spielern.

Ziel: Auflösen des Gordischen Knotens, aber nicht mit Gewalt.

Dauer: Zehn Minuten.

Wir brauchen dazu: Keine Vorbereitung.

Wie geht es? Alle oder jede Kleingruppe bilden einen engen Kreis, schließen die Augen, strecken auf Kommando die Arme in die Kreismitte und fassen mit jeder Hand die Hand eines anderen Teilnehmers. Wer einen Nebenstehenden erwischt hat oder die beiden Hände einer anderen Person, läßt los und sucht eine andere Hand, weil es sonst zu leicht wäre. Nun versucht die Gruppe, ohne loszulassen, wieder einen Kreis zu bilden.

Besondere Hinweise: Wenn die ganze, große Gruppe dieses Spiel spielen will, bildet sie zuerst einen großen Kreis, faßt sich an den Händen und steigt dann so lange über Arme oder kriecht unter Armen durch, bis sich niemand mehr bewegen kann. Und dann versucht sie, alles wieder zum Kreis aufzulösen. Das muß klappen, denn alles hat ja als Kreis begonnen. Soviel ist gewiß.

Wann einsetzen? Besonders nützlich, wenn sich die Gruppe während der Arbeit »verknotet« hat.

Hokuspokuszauberei

Art: Bewegungsspiel, drinnen oder draußen.

Beteiligte: Die ganze Gruppppe.

Ziel: Jeder bewegt sich nach Anweisung und schlüpft in verschiedene Rollen.

Dauer: 15 Minuten.

Wir brauchen dazu: Eventuell Musikbegleitung.

Wie geht es? Im Freien oder einem großen Raum bewegen sich alle durcheinander. Der Spielleiter steht auf einem Stuhl und verzaubert mit:

Simsalabim. Ich verzaubere euch alle ...
... in wilde Hunde, die sich ankläffen.
... in Roboter auf dem Mond.
... in Affen.
... in Krokodile, die sich gegenseitig in die Beine beißen.
... in Kamele, die die Sahara durchqueren.
... in Motorräder auf dem Ring.
... in Reiter/Dressurreiter.

Besondere Hinweise: Achten sie darauf, abwechselnd ruhige, wilde, lustige, laute, leise Verzauberungen durchzuführen.

Achtung! Das Spiel kann wild und laut werden.

Ballongefecht

Art: Bewegungsspiel, drinnen oder draußen.

Beteiligte: Je zwei Personen spielen zusammen.

Ziel: Auflockerung, Bewegung.

Dauer: Zehn Minuten.

Wir brauchen dazu: Pro Person einen langen Lufballon.

Wie geht es? Jeder erhält einen Ballon. Ballons aufblasen. Mit diesen Ballons kann man herrlich kämpfen, bis einer platzt.

Besondere Hinweise: Wenn die Teilnehmer es wollen, kämpfen die Sieger gegeneinander, bis nur noch einer übrigbleibt.

Wann einsetzen? In der Pause.

Achtung! Mehr Luftballons als nötig mitbringen.

Holzfäller

Art: Nonverbale Übung für drinnen oder draußen.

Beteiligte: Kleingruppen von je vier Personen.

Ziel: Kommunikationsfähigkeit ohne Worte.

Dauer: Zehn bis 20 Minuten.

Wir brauchen dazu: Keine zusätzlichen Materialien.

Wie geht es? Je zwei Teilnehmer sägen einen imaginären Baum ab, dann heben sie den Stamm auf einen Wagen, der schon hoch beladen ist. Vorsichtig fahren alle vier den Wagen nach Hause. Dort laden sie ab und sägen die Stämme kleiner. Die Stücke werfen sie auf einen Haufen. Anschließend spalten sie das Holz und setzen es neben dem Haus auf. Während all dieser Tätigkeiten darf nicht gesprochen werden.

Wann einsetzen? Nach dem anstrengenden Sitzen ist diese »Arbeit« eine Wohltat.

Hindernislauf

Art: Bewegung im Freien.

Beteiligte: Die ganze Gruppe in zwei Abteilungen.

Ziel: Wettspiel zum Luftschnappen und Erholen.

Dauer: 30 Minuten.

Wir brauchen dazu: Einen Parcour im Hof oder Garten um ein Mal, Konservendosen, Kartoffeln, zwei Zeitungen, zwei Seile, zwei große Bälle, eine Pfeife, zwei Wäschekörbe usw.

Wie geht es? Die Spieler stehen in zwei Reihen hintereinander. Die beiden ersten Spieler durchlaufen die Hindernisstrecke, so schnell sie können, geben dem nächsten einen Klaps, dann darf er starten.

Vorgaben, die gestellt werden können:

- Die Spieler hüpfen auf einem Bein und ein Ball wird gedopst.
- Die Läufer haben eine Zeitung zwischen den Knien, die nicht fallen darf.
- Jeder hat eine leere Konservendose auf dem Kopf.
- Auf der Strecke liegen Kartoffeln, die vollzählig aufgelesen und mitgenommen werden müssen. Der eine bringt sie zur Staffel, der nächste legt sie wieder aus.
- Die Läufer laufen mit verbundenen Augen. Der Spielleiter gibt Signale, er pfeift oder klingelt.
- Je zwei Spieler werden unterhalb der Knie zusammengebunden.
- Die Spieler laufen rückwärts.
- Beim Mal ist eine Wäscheleine gespannt. Der erste Läufer trägt die Wäsche im Korb zur Leine und hängt sie auf, läuft zurück, der nächste läuft zur Leine, nimmt die Wäsche ab und trägt sie zurück usw.
- Jeder Spieler bekommt einen Luftballon, beim Start muß er ihn schnell aufblasen, verschließen und dann mit dem Ballon ums Mal laufen, dabei den Ballon in der Luft halten, er darf nicht auf den Boden fallen.

Sockeln

Art: New Game* im Freien.

Beteiligte: Je zwei Mitspieler.

Ziel: Aggressionen abbauen, Geschicklichkeit üben.

Dauer: Eine Stunde.

Wir brauchen dazu: Ein mindestens fünf Meter langes und etwa einen Zoll starkes Seil und zwei Sockel, etwa 30 cm hoch mit kleiner Standfläche, z.B: Baumstümpfe, umgestülpte Kochtöpfe, Eimer oder Blumentöpfe.

Wie geht es? Die Sockel werden in etwa zwei Meter Abstand aufgestellt, die Spieler gehen auf den Untersätzen in die Hocke und jeder nimmt ein Seilende in die Hand. Das überschüssige Seil liegt zwischen ihnen. Mit dem Startzeichen beginnen sie, das Seil einzuholen. Sinn des Spiels ist es, den Gegner aus dem Gleichgewicht zu bringen, indem man das Seil anzieht oder losläßt.

Wann einsetzen? In der Pause, draußen.

Achtung! Der Sockel soll nur eine kleine Fläche haben, auf der die Füße kaum Platz haben. Sockel nicht zu hoch nehmen, damit sich niemand ernstlich verletzt.

* Fluegelman/Tembeeck: »New Games – Die neuen Spiele«.

Schuhewerfen

Art: Bewegungsspiel draußen.

Beteiligte: Die ganze Gruppe.

Ziel: Aggressionen werden abgebaut.

Dauer: 30 Minuten.

Wir brauchen dazu: Viel Platz im Freien.

Wie geht es? Stecken Sie ein großes rechteckiges Spielfeld ab, oder zeichnen Sie es in den Sand. Zwei Spielparteien stehen sich mit dem Rücken an den gegenüberliegenden Grenzen des Spielfeldes vis-à-vis. Alle Spieler haben den rechten Schuh ausgezogen und werfen ihn auf Pfiff über die Schulter. Wessen Schuh außerhalb des Feldes liegt, scheidet aus und ist Schiedsrichter. Die anderen gehen zu ihren Schuhen und dürfen zwei Schritte in die Richtung machen, in die die Schuhspitze zeigt. Nun wird so lange geworfen, bis eine Partei die Abwurflinie des Gegners erreicht hat.

Besondere Hinweise: Am besten Turnschuhe anziehen. Das Spiel eignet sich nicht für weiche Köpfe.

Wann einsetzen? Wenn die Gruppe Bewegung braucht oder aggressiv wird.

Achtung! Rücksicht muß schon sein!

Der Riese Timpetu

Art: Rauheres Bewegungsspiel im Freien.

Beteiligte: Die ganze Gruppe.

Ziel: Einsatz der Ellbogen, ohne zu verletzen.

Dauer: 30 Minuten.

Wir brauchen dazu: Viel Platz.

Wie geht es? Wir zeichnen einen Riesenkopf auf die Erde (mit Kreide oder – auf Sand – mit einem Stock). Er bekommt große Ohren, Augen und gefährliche Zähne. An der Randlinie stellen sich die Spieler rund um den Kopf auf. Alle kreuzen die Arme vor der Brust. Auf »Los!« versucht einer den anderen nur mit dem Körper in den Kopf zu drücken. Wer mit beiden Füßen die Kopflinie überschreitet, wird von Timpetu gefressen. Er scheidet aus und spielt Schiedsrichter.

Wann einsetzen? Um Aggressionen abzubauen.

Achtung! Die Hände dürfen nicht nachhelfen, Treten ist verboten.

Siamesischer Fußball

Art: Kooperatives Spiel.

Beteiligte: Die ganze Gruppe, je zwei Spieler als siamesische Fußballer.

Ziel: Nicht gegeneinander, sondern miteinander spielen.

Dauer: 15 Minuten.

Wir brauchen dazu: Einen Ball.

Wie geht es? Je zwei Spieler binden sich mit einem Tuch je ein rechtes und ein linkes Bein zusammen. Die Hälfte der Paare bildet ein Team, die andere Hälfte bildet das zweite Team. Jedes Team versucht, den Ball über das Gegnerfeld vorwärts zu treten.

Besondere Hinweise: Wenn manche Paare deutlich überlegen sind, neue Paare zusammenstellen.

Wann einsetzen? Um aggressives Gegeneinander in kooperatives Spielen umzuwandeln.

Über den Wolken

Art: Bewegungsspiel im Freien.

Beteiligte: Die ganze Gruppe.

Ziel: Bewegungen koordinieren, Kooperation zu zweit.

Dauer: 15 Minuten.

Wir brauchen dazu: Schnelle Musik, z.B.: Marec und Vacek Concert Hits, Vol. I und II oder Jerry Lee Lewis, Great Balls of Fire.

Wie geht es? Alle Spieler stellen Flugzeuge dar, sie breiten also die Arme aus und bewegen sich zur Musik. Dabei soll es nicht zu Zusammenstößen im Luftraum kommen. Dann machen die Flugzeuge Geräusche, sie fliegen Kurven, sie fliegen hoch und niedrig, auf und ab.

Variation: Zwei Spieler bilden einen Doppeldecker, d.h., sie stellen sich dicht hintereinander und fassen die ausgestreckten Hände. So bewegen sie sich weiter. Sie machen hohe Geräusche und fliegen hoch, sie machen tiefe Töne und fliegen niedrig usw.

Wann einsetzen? In der Pause nach längerem Sitzen.

Achtung! Vielleicht gibt es eine Bauchlandung.

Schießbudenfiguren

Art: Nicht ganz sanftes Ballspiel, besser im Freien spielen.

Beteiligte: Alle, die keine Angst vor dem weichen Ball haben.

Ziel: Möglichst viele Treffer sollen gezählt werden.

Dauer: 30 Minuten.

Wir brauchen dazu: Zwei Softbälle oder Fransenbälle.

Wie geht es? Die Mitspieler stellen sich in einer Reihe auf. In acht Meter Entfernung steht je ein Spieler vor und hinter dieser Reihe, und diese zwei werfen abwechselnd den Ball auf die Kollegen und versuchen, zu treffen. Um die Sache zu erschweren, dürfen sich die Mitspieler in der Reihe bewegen, dukken, dem Ball ausweichen, aber nicht den Platz verlassen. Die Füße bleiben stehen.

Besondere Hinweise: Variationen: ruhig stehen bleiben; wer getroffen ist, setzt sich usw.

Wann einsetzen? Um Luft zu schnappen und wieder mal durchzuatmen, ist dieses Spiel ideal.

Achtung! Keinen harten Ball verwenden.

Yaman Taka Ant Fat

(tibetisch: der Weg, das Ziel, das Unwägbare)

Art: Bewegungsspiel.

Beteiligte: Die ganze Gruppe.

Ziel: Energieaufbau.

Dauer: Drei Minuten.

Wir brauchen dazu? Keine zusätzlichen Materialien.

Wie geht es? Bequem und sicher hinstellen. Beim Sprechen der Silbe »Yaman« berühren die Hände den Boden; bei »Taka« die Hüfte; bei »Ant« klatschen sie auf die Brust, und bei »Fat« werden sie zum Himmel hochgereckt.

Besondere Hinweise: Alle sprechen mit. Bewegung und Sprache werden allmählich immer schneller und lauter.

Variation: Statt der Worte Yaman Taka Ant Fat benutzen wir nun Worte, die die Gruppe aufbauen und ihr Energie geben. Zum Beispiel ...

... für Verkäuferinnen im Einzelhandel: Blick – Lächeln – Hallo – Erfolg.
... für Kosmetikerinnen: Frische – Pflege – Wohlgerüche – Erfolg.
... für Führungskräfte: Wunsch – Ziel – Plan – Erfolg.
... für Lehrer: Hören – Sehen – Üben – Wissen usw.

Wann einsetzen? Zum Energieaufbau, aber nicht direkt nach dem Essen.

Besondere Hinweise: Lassen Sie die Gruppe in Kleingruppen verschiedene Möglichkeiten finden und im Plenum vorstellen.

Ebbe und Flut

Art: Bewegungsspiel.

Beteiligte: Alle machen mit.

Ziel: Auflockerung, kreative Mitgestaltung jeden Teilnehmers.

Dauer: 15 Minuten.

Wir brauchen dazu: Viel Platz im Raum.

Wie geht es? Der Spielleiter erzählt eine kleine Geschichte von Leuten, die am Strand entlanggehen. Alle Spieler stellen dabei das dar, was der Spielleiter sagt. Zum Beispiel: gehen, wandern, hüpfen, Schuhe ausziehen, Wasser rausschütten, Hosenbeine hochkrempeln, mit Storchenschritt durchs Wasser gehen, über einen Priel hüpfen, die Düne hochklettern, jemand auf dem Rücken durchs Wasser tragen, schwimmen, in einen Seeigel treten etc. Dazwischen nennt er immer wieder die Worte »Ebbe« und »Flut«. Sobald die Spieler »Ebbe« hören, legen sie sich in den Sand (= flach auf den Boden). Sobald das Wort »Flut« kommt, müssen sie schnell aus dem Wasser kommen (= vom Boden weg, auf Stühle steigen). Wer zuletzt liegt oder auf dem Stuhl steht, erzählt die Geschichte weiter.

Besondere Hinweise: Falls die Mitspieler nicht so viel Phantasie zeigen, erzählt der Spielleiter weiter.

Achtung! Das Spiel kann wild werden.

Hände hoch

Art: Gymnastik.

Beteiligte: Jeder, der Lust hat.

Ziel: Körperliche Fitneß.

Dauer: Eine Minute.

Wir brauchen dazu: Einen Stuhl zum Sitzen.

Wie geht es? Wählen Sie, ob Sie lieber stehen oder sitzen wollen, beides ist möglich. Strecken Sie beide Arme hoch über den Kopf, und fassen Sie die Hände. Jetzt ziehen Sie die Arme so hoch wie möglich. Zählen Sie bis zehn, und strecken Sie sich bei jeder Zahl ein Stückchen höher ... Dann lassen Sie die Arme hängen, und entspannen Sie sich. Diese Übung ist für Arme, Brust und Bauch gut.

Wann einsetzen: Nach langem Sitzen ist diese Übung eine Wohltat.

Isometrische Übung I

Art: Sanftes Spiel.

Beteiligte: Alle Teilnehmer.

Ziel: Sofortige Kreislaufaktivierung, bessere Durchblutung, Fitneß und Entspannung.

Dauer: Zwei Minuten.

Wir brauchen dazu: Einen Stock, Besenstiel, Stuhllehne o.ä.

Wie geht es? Halten Sie einen Besenstiel mit beiden Händen quer vor dem Körper, und drücken Sie ihn dann zuerst mit der linken Hand, dann mit der rechten Hand zusammen.

Besondere Hinweise: Diese Übung und alle isometrischen Übungen haben nicht nur eine sofortige Wirkung, sondern auch langfristige positive Erfolge:

- Sie stärken die Muskulatur.
- Sie fördern die Beweglichkeit.
- Sie unterstützen die Arbeit der Organe.
- Sie fördern eine gute Haltung.
- Eine gute Haltung fördert den Blutkreislauf.
- Gut durchblutete Muskeln geben uns ein Gefühl der Wärme und des Behagens.

Wann einsetzen? Wenn wir uns schlaff fühlen, wenn wir fit bleiben wollen.

Achtung! Bei isometrischen Übungen sollten nur Personen mitmachen, die keine gesundheitlichen Probleme haben. Eventuell vorher fragen oder darauf hinweisen.

Isometrische Übung II

Art: Sanftes Spiel.

Beteiligte: Alle.

Ziel: Körperliche Fitneß.

Dauer: Dreimal je sechs Sekunden anspannen, so fest es nur geht, dann sofort lokker lassen und entspannen.

Wir brauchen dazu: Keine Hilfsmittel.

Wie geht es? Stehen Sie ohne Stütze mit leicht gebeugten Knien. Spannen Sie die Muskeln über den Knien sechs Sekunden lang mit maximaler Kraft an, dann sofort loslassen und entspannen.

Besondere Hinweise: Versuchen Sie, diese Übung 30 Sekunden zu halten.

Achtung! Atmen nicht vergessen!

Treten

Art: Isometrische Übung.

Beteiligte: Die ganze Gruppe.

Ziel: Körperliche Fitneß.

Dauer: Dreimal je sechs Sekunden anspannen, so fest es nur geht, dann sofort locker lassen und entspannen.

Wir brauchen dazu: Teppichboden oder Decke sind nützlich.

Wie geht es? Legen Sie sich entspannt auf den Rücken. Ein Bein bleibt ausgestreckt, das andere winkeln sie an und umfassen das Knie mit gefalteten Händen. Drücken Sie das Knie kräftig gegen den Widerstand der Hände. Dann mit dem anderen Bein üben.

Achtung! Auch während der Anspannung atmen!

Stühle drücken

Art: Isometrische Übung.

Beteiligte: Die ganze Gruppe.

Ziel: Körperliche Fitneß.

Dauer: Dreimal je sechs Sekunden anspannen, so fest es nur geht, dann sofort lokker lassen und entspannen.

Wir brauchen dazu: Einen Stuhl als Stütze.

Wie geht es? Stellen Sie sich vorgebeugt hinter den Stuhl, spreizen Sie die Beine hüftbreit, und stützen Sie sich mit den Händen auf die Stuhllehne. Drücken Sie jetzt die Arme kräftig nach unten.

Besondere Hinweise: Auch während der Anspannung das Atmen nicht vergessen!

Achtung! Der Stuhl kann kippen!

Fußeln

Art: Isometrische Übung.

Beteiligte: Die ganze Gruppe.

Ziel: Körperliche Fitneß.

Dauer: Dreimal je sechs Sekunden anspannen, so fest es nur geht, dann sofort lokker lassen und entspannen.

Wir brauchen dazu: Einen Stuhl.

Wie geht es? Setzen Sie sich auf den Stuhl, und strecken Sie beide Beine in Sitzhöhe nach vorn. Legen Sie Ihren linken Fuß mit dem Ballen auf die Zehen des rechten Fußes. Drücken Sie nun gleichzeitig den linken Fuß nach unten und den rechten nach oben. Dann die Füße wechseln.

Besondere Hinweise: Nur das Knöchelgelenk bewegen.

Handeln

Art: Isometrische Übung.

Beteiligte: Die ganze Gruppe.

Ziel: Lockern der Arme und des Oberkörpers.

Dauer: Dreimal je sechs Sekunden anspannen, so fest es nur geht, dann sofort lokker lassen und entspannen.

Wir brauchen dazu: Keine Hilfsmittel nötig.

Wie geht es? Strecken Sie beide Arme nach vorne. Beide Handflächen zeigen nach unten. Die linke Hand legen Sie jetzt auf die rechte Hand, Finger auf Finger. Drücken Sie die linke Hand nach unten, die rechte nach oben. Dann wechseln Sie die Lage der Hände, rechte Hand oben, linke Hand unten, und wiederholen Sie die Übung.

Wann einsetzen? Immer, wenn Sie sich verspannt fühlen.

Achtung! Atmen nicht vergessen!

Alle Vögel fliegen ...

Art: Gymnastische Übung.

Beteiligte: Die ganze Gruppe oder alle, die viel an Computer oder Schreibmaschine arbeiten.

Ziel: Lockern von Schultern und Handgelenken.

Dauer: Zwei Minuten.

Wir brauchen dazu: Keine Hilfsmittel.

Wie geht es? Stellen Sie sich bequem und heben Sie die Arme seitwärts hoch, als wollten Sie fliegen. Flattern Sie zehnmal kräftig. Dann die Arme locker und entspannt hängenlassen.

Besondere Hinweise: Variieren Sie diese Übung, indem Sie die Hände im Handgelenk auf- und abflattern lassen.

Wann einsetzen? Besonders nützlich bei Ermüdung im Bereich von Schultern und Armen.

Brustschwimmen

Art: Gymnastik.

Beteiligte: Die ganze Gruppe.

Ziel: Diese Übung ist nützlich für Arme und Brust.

Dauer: Zwei Minuten.

Wir brauchen dazu: Sie brauchen keine Hilfsmittel. Die Übung kann im Liegen, Sitzen oder Stehen durchgeführt werden.

Wie geht es? Legen Sie die Handflächen aneinander, und strecken Sie so die Arme nach vorne. Jetzt drehen Sie die Handflächen nach außen und beschreiben mit den Armen einen weiten Kreis nach hinten, als ob Sie etwas wegschieben wollten oder schwimmen wollten. Ziehen Sie die Arme wieder vor die Brust, drehen Sie die Handflächen zueinander und so weiter ...

Besondere Hinweise: Bitte zehnmal üben, dann die Arme entspannt hängenlassen.

Wann einsetzen? Zur Lockerung und Stärkung der Muskulatur.

Radfahren

Art:	Gymnastik.
Beteiligte:	Die ganze Gruppe.
Ziel:	Die Übung lockert und kräftigt die Beinmuskulatur, übt die Gelenke.
Dauer:	Etwa eine Minute.
Wir brauchen dazu:	Eine Decke oder Matte als Unterlage.
Wie geht es?	Flach auf den Rücken legen und die Hände unterstützend ans Becken legen. Beine hochstrecken und in der Luft mit gleichmäßigen Bewegungen radeln.
Besondere Hinweise:	Beginnen Sie langsam, und steigern Sie dann allmählich das Tempo.
Wann einsetzen?	Zur Kräftigung der Bauch- und Beinmuskulatur.

Gegen müde Füße und Beine

Art:	Leichte Gymnastik.
Beteiligte:	Die ganze Gruppe.
Ziel:	Körperliche Fitneß.
Dauer:	Fünf Minuten.
Wir brauchen dazu:	Einen Stuhl zum Sitzen.
Wie geht es?	Schlagen sie das rechte Bein über das linke Knie. Bewegen Sie die Zehen des rechten Fußes kräftig. Jetzt drehen Sie den Fuß im Fußgelenk nach links und dann nach rechts. Wiederholen Sie diese Übungen zehnmal, dann wechseln sie die Beine und üben alles mit dem linken Fuß.
Wann einsetzen?	Besonders für Menschen, die normalerweise den ganzen Tag stehen müssen.

Selbsthypnose

Art: Fitneßtraining.

Beteiligte: Alle, die sich selbst etwas Gutes tun wollen.

Ziel: Das Wohlbehagen steigern.

Dauer: Eine kurze Ruhepause.

Wir brauchen dazu: Einen Platz zum Alleinsein, eventuell leise Musik.

Wie geht es? Schließen Sie die Augen, und konzentrieren Sie sich auf die Teile Ihres Körpers, die sich am wohlsten fühlen. Wenn Sie das Wohlbehagen fühlen, genießen Sie es und lassen es wachsen und sich im ganzen Körper ausbreiten.

Besondere Hinweise: Auf diese Weise schalten Sie das kreative Unbewußte ein, das alle biologischen und mentalen Prozesse reguliert. Die natürliche Selbstregulation von Körper und Geist löst und heilt alle Probleme in uns. Während der Zeit der Selbsthypnose genießen wir stille Einsichten in unser Leben, unsere Wünsche und Möglichkeiten; mehr Bewußtsein, Freude und Reife kann sich bei regelmäßiger Übung einstellen. Depressionen und Angst zeigen nach Erkenntnissen der Wissenschaft an, daß der Mensch sich in Ruhephasen nicht nach innen konzentriert. Mit dieser Übung lernt man, Angst und Depression abzubauen.

Kreismassage

Art: Körpererfahrung.

Beteiligte: Die ganze Gruppe.

Ziel: Empathietraining ohne Worte, Entspannung.

Dauer: Zehn Minuten.

Wir brauchen dazu: Keine zusätzlichen Materialien.

Wie geht es? Alle Teilnehmer bilden einen Kreis und drehen sich dann rechts um. Sie legen die Hände auf die Schultern des Vordermannes und massieren seine Schultern, den Nacken und den Rücken. Keiner spricht. Die Massierten drücken durch Geräusche aus, was sie gern oder weniger gern haben. Nach fünf Minuten drehen sich alle zur anderen Seite und wiederholen die Massage.

Variation: Sehr schön auch als Klopfmassage: Zwei Partner klopfen sich gegenseitig je fünf Minuten von den Schultern bis zu den Beinen mit den Handflächen ab.

Besondere Hinweise: Das ist für viele auch eine interessante Selbsterfahrung.

Achtung! Menschen, die Angst vor Nähe haben, wollen nicht mitmachen. Ermutigen Sie dann die Gruppe, sich doch einfach einmal darauf einzulassen ... Es wird für viele eine ganz neue, schöne Erfahrung sein.

Bewegung mit Sportgeräten

Art: Kreatives Bewegungsspiel draußen oder in der Halle.

Beteiligte: Wer Lust hat, am besten alle.

Ziel: Körperliche Erfrischung.

Dauer: Je nach Spiel und Spaß.

Wir brauchen dazu: Zum Beispiel ein Schwungtuch, denn Schwungtuchspiele sind ideale Bewegungsspiele für Gruppen. Es gibt keine Gewinner und Verlierer, alle gewinnen dabei, denn das soziale Empfinden wird geschult.

Wie geht es? Alle Teilnehmer fassen rundum das Tuch an. Nun schwingen sie es so, daß eine Wellenbewegung entsteht oder daß es sich hoch aufbläht, während alle – mit dem Tuch fest in den Händen – nach innen laufen und sich zusammenkauern, oder sie schleudern einen Ball hoch und versuchen zu verhindern, daß er irgendwo vom Tuch fällt, oder der Ball muß rund um das Tuch rollen ... und ... und ... und ...

Besondere Hinweise: Siehe: Sportgeräte (S. 249).

Nach der Pause

3

Spieler sein

Einige Gedanken aus dem Buch »Endliche und unendliche Spiele – Chancen des Lebens«, J.P. Carse, Stuttgart 1987:

Es gibt mindestens zwei Arten von Spielen. Die eine könnte man endliche, die andere unendliche nennen. Ein endliches Spiel spielt man, um zu gewinnen, ein unendliches, um weiterzuspielen. Es gibt kein endliches Spiel, wenn die Spieler sich nicht freiwillig zum Spielen entschlossen haben. Man kann nicht spielen, wenn man dazu gezwungen wird. Wer spielen muß, kann nicht spielen.

Bei endlichen Spielen, die räumliche und zeitliche Grenzen haben, kann nur einer oder eine Mannschaft gewinnen. So lassen wir uns im Laufe unseres Lebens auf viele Spiele ein, ohne damit zu rechnen, daß wir gewinnen, aber dennoch bemühen wir uns um einen möglichst hohen Rang am Ende des Spiels.

Die Welt ist sorgfältig durch Grenzen des Wettkampfs unterteilt, ihre Bewohner sind fein säuberlich in Teilnehmer und Nichtteilnehmer eingeteilt. Jedes endliche Spiel hat andere Regeln. Wenn wir die Regeln kennen, wissen wir, welches Spiel gerade gespielt wird. Was die Regeln festlegen, sind Beschränkungen der Spieler. So muß ein Spieler hinter der weißen Linie starten, oder er muß am Monatsende seine Rate abzahlen. Die Regeln eines endlichen Spiels sind die Vertragsbedingungen, anhand derer sich die Spieler einigen können, wer gewonnen hat.

Endliche und unendliche Spiele bilden den denkbar größten Gegensatz. Unendliche Spieler wissen nicht, wann ihr Spiel begonnen hat und wann es enden wird. Das Spiel hat tatsächlich nur ein Ziel: sein Ende zu verhindern, alle weiter am Spielen zu halten.

Das fröhliche, das Lachen des unendlichen Spiels kommt daher, daß wir lernen, etwas zu beginnen, das wir nicht beenden können. Für unendliche Spieler sind die Gewinne und Verluste bei endlichen Spielen lediglich Momente innerhalb eines fortwährenden Spiels. Jeder Zug, den ein unendlicher Spieler tut, geht zum Regenbogen. Jeder Zug, den ein endlicher Spieler tut, liegt innerhalb einer Grenze.

Jeder Moment eines unendlichen Spiels bietet daher eine neue Sicht, eine neue Vision, einen neuen Bereich der vielfältigsten Möglichkeiten. Wer auf dem Regenbogen lebt, ist nie irgendwo, sondern immer unterwegs, immer im Übergang.

Unendliche Spieler treten anderen nicht mit Macht und Gewalt entgegen, sondern mit kreativem Handeln und Visionen. Weil das unendliche Spiel keine Zeit verbraucht, sondern Zeit erzeugt, ist seine Zeit gelebte Zeit und nicht betrachtete Zeit.

Ein endlicher Spieler bringt Spiel in die Zeit. Ein unendlicher Spieler bringt Zeit ins Spiel. Das Wesen des unendlichen Spiels liegt in der ewigen Geburt. Unendliche Spieler sind keine ernsthaften Schauspieler in einer Geschichte, sondern die fröhlichen Poeten, die fortgesetzt neu erschaffen, was sie nicht vollenden können.

Spielerisch zu sein heißt nicht, oberflächlich oder unernst zu sein oder sich so zu verhalten, als würde nichts Folgenreiches geschehen. Im Gegenteil: Wenn wir spielerisch miteinander sind, verhalten wir uns zueinander als freie Menschen, und die Beziehung ist offen für Überraschungen.

Es gibt nur ein unendliches Spiel.

Marktschreier

Art: Sanftes Spiel, aber laut.

Beteiligte: Die ganze Gruppe.

Ziel: Aufmerksamkeit, Kombinationsgabe schulen.

Dauer: 15 Minuten.

Wir brauchen dazu: Zwei gleich große Gruppen.

Wie geht es? Die eine Gruppe verläßt kurz den Raum, die zweite Hälfte bereitet sich auf ihre Rolle als »Marktschreier« vor. Jeder preist seine »Ware« in den höchsten Tönen an, sobald die anderen wieder hereinkommen, dabei wird allerdings das tatsächlich Gemeinte durch einen anderen Begriff ersetzt. So redet z.B. der Bananenverkäufer nur von Rosen, der Autoverkäufer nur von Zwiebeln, bleibt aber inhaltlich genau bei dem, was er eigentlich anzubieten hat. Das geht natürlich wie auf dem Markt lautstark vor sich. Die Ratenden gehen von einem zum anderen. Wer sicher ist, von allen Marktschreiern die richtige Ware erkannt zu haben, setzt sich auf seinen Platz. Wer die meisten Waren richtig erraten hat, ist Gewinner.

Besondere Hinweise: Gut geeignet zum Lernen neuer Begriffe.

Wann einsetzen? Nach einer Pause.

Der begossene Pudel

Art: Aktivierende Bewegung.

Beteiligte: Die ganze Gruppe.

Ziel: Energieaufbau, Entspannung.

Dauer: Eine Minute.

Wir brauchen dazu: Keine zusätzlichen Materialien.

Wie geht es? Der Pudel, der aus dem Wasser kommt, schüttelt das Wasser aus dem Pelz. Dazu bequem hinstellen, Beine hüftbreit grätschen, Arme locker hängenlassen. Die Hände ganz leicht und locker schütteln (15 Sekunden). Jetzt steigert sich die Schüttelei und setzt sich in Unter- und Oberarm fort (15 Sekunden). Jetzt langsamer werden ... den rechten Fuß ausschütteln und zuletzt den linken Fuß (je 15 Sekunden). Spüren Sie 15 Sekunden der Entspannung nach.

Wann einsetzen? Am Morgen oder nach der Pause.

Plitsch Platsch

Art: Sanftes Spiel.

Beteiligte: Die ganze Gruppe.

Ziel: Konzentration und Spaß.

Dauer: Zehn Minuten.

Wir brauchen dazu: Stühle im Kreis.

Wie geht es? Die Spieler sitzen im Kreis und zählen der Reihe nach. Statt der Zahl fünf aber sagt man Plitsch, statt der Zahl sieben Platsch. Immer wenn diese beiden Zahlen vorkommen, muß Plitsch oder Platsch eingesetzt werden. Also: statt 15 Plitschzehn.

Besondere Hinweise: Alle zählen schnell. Wer zu lange nachdenkt, scheidet aus; ebenso, wer sich dreimal vertut.

Wann einsetzen? Nach der Pause, nach dem Essen, am Abend zum Spaß. Ein erfahrener Trainer weiß sicher, wann dieses Spiel angebracht ist.

Hör gut zu!

Art: Ganz leises Konzentrationsspiel.

Beteiligte: Alle Seminarteilnehmer.

Ziel: Erkennen der Geräusche.

Dauer: Zehn Minuten.

Wir brauchen dazu: Vorher bereitgestellte Materialien oder Geräte, um die Geräusche zu produzieren.

Wie geht es? Zum Beispiel folgende Geräusche machen:

- Streichholz anzünden
- Zeitung zerreißen
- Nuß knacken
- Korken ziehen/Flasche öffnen
- Wasser umgießen
- Stoff zerreißen
- Folie knistern
- Luftballon aufblasen
- Karotte reiben
- In einen Apfel beißen
- Ball fallen lassen
- Streichholzschachtel schütteln usw.
- Der Spielleiter erzeugt die Geräusche hinter der Pinwand, und die Mitspieler schreiben auf, was sie erkennen.

Besondere Hinweise: Während des Spiels darf nicht gesprochen werden.

Wann einsetzen? Am Morgen vor Beginn des Seminartages oder nach der Pause.

Magisches Quadrat

Art: Denkspiel.

Beteiligte: Jeder allein oder zu zweit.

Ziel: Konzentrationsübung.

Dauer: 20 Minuten.

Wir brauchen dazu: Je Spieler oder Gruppe eine Spielkopie.

Wie geht es? Verteilen Sie die Zahlen von 1 bis 16 so in die Felder des magischen Quadrates, daß die Summe jeder Reihe (waagerecht, senkrecht und diagonal) die Zahl 34 ergibt.

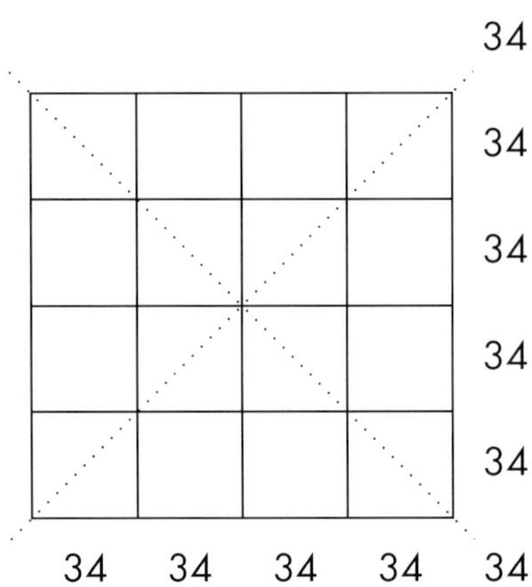

Auflösung auf Seite 246.

Besondere Hinweise: Jede Zahl von 1 bis 16 kommt nur einmal vor.

Wann einsetzen? Am Abend oder zu Beginn einer Phase, wo Konzentration erwünscht ist.

Schau genau!

Art: Konzentrationsübung.

Beteiligte: Die ganze Gruppe.

Ziel: Erhöhen der Aufmerksamkeit.

Dauer: Drei Minuten.

Wir brauchen dazu: Eine Spielkopie pro Person mit zehn vorbereiteten Fragen.

Wie geht es? Folgende Fragen können zum Beispiel gestellt werden:

- Wie viele Tasten hat das Drucktastentelefon?
- Wie viele Knöpfe hat Ihr Mantel (Jacke), den Sie mithaben?
- Wie viele Treppenstufen führen zu Ihrem Büro (Wohnung, Keller)?
- Wie viele Fenster hat Ihre Wohnung (Firma, Haus)?
- Wie viele Türen der Firma durchschreiten Sie, bevor Sie an Ihrem Arbeitsplatz ankommen?
- Was für ein Dach hat das Haus, in dem Sie heute sind?
- Wie lautet die Telefonnummer Ihrer Mutter?
- Wie heißt Ihr Zahnarzt mit Vornamen?
- Welche Maße hat Ihre Lieblingstasche?
- Welche Farbe hat der Teppich in Ihrem Kofferraum?

usw.

Besondere Hinweise: Diese Übung macht den Spielern klar, wie ungenau viele Menschen beobachten.

*Tangram**

Art: Konzentrationsspiel aus China.

Beteiligte: Alle.

Ziel: Aus den vorgegebenen Teilen ein Quadrat legen.

Dauer: Drei Minuten.

Wir brauchen dazu: Vorbereitete zerschnittene Quadrate von 10 cm Seitenlänge. Pro Person ein Kuvert mit den Einzelteilen.

Wie gehts? Zerschneiden Sie die Quadrate so: oder so:

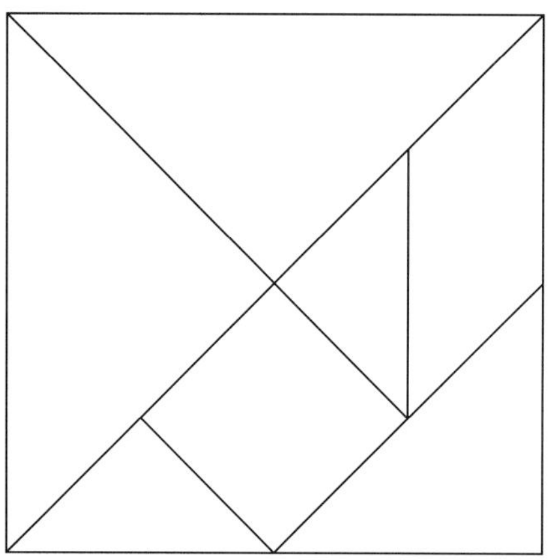

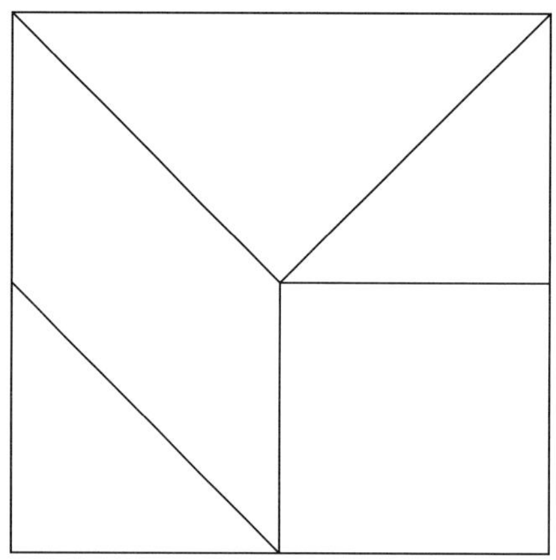

Die Teilnehmer sollen dann in der vorgegebenen Zeit die Einzelteile zu einem Quadrat zusammensetzen.

Wann einsetzen? Nach der Pause, am Morgen oder am Abend.

* Tangram, Dumont, Köln 1976

Bleistiftstafette

Art: Konzentrationsspiel.

Beteiligte: Die ganze Gruppe.

Ziel: Der Bleistift darf nicht herunterfallen.

Dauer: Zehn Minuten.

Wir brauchen dazu: Drei Bleistifte, möglichst gleich lang.

Wie geht es? Alle Mitspieler sitzen im Kreis. Einer hält in jeder Hand einen Bleistift; über diese beiden Stifte ist ein dritter quer gelegt. Vorsichtig wendet sich der Spieler zum Nachbarn, der die Bleistifte abnehmen und weitergeben soll. Wer den Bleistift fallen läßt, gibt ein Pfand.

Wann einsetzen? Nach der Pause oder am Abend.

Die Affen brüllen durch den Wald

Art: Konzentrationsspiel.

Beteiligte: Die ganze Gruppe.

Ziel: Das richtige Wort oder Sprichwort soll herausgehört werden.

Dauer: 15 Minuten.

Wir brauchen dazu: Schwierige, mehrsilbige Wörter oder Sprichwörter.

Wie geht es? Ein Mitspieler verläßt den Raum. Die anderen verabreden ein Wort (z.B.: Kommunikationsseminar). Jeder schreit auf Kommando des Spielleiters nur eine Silbe des Wortes dem Hereingerufenen entgegen. Das ergibt natürlich ein großes Durcheinander.

Variation 1: Das Wort wird völlig falsch betont, z.B.: Komm – uni – kati – ons – semi – nar o.ä.

Variation 2: Die Wörter eines bekannten Sprichwortes oder Werbespruchs werden auf die Mitspieler verteilt und im Chor gebrüllt.

Wann einsetzen? Nach der Pause.

Achtung! Das Spiel ist laut.

Steinchen, Steinchen, du mußt wandern ...

Art: Konzentrationsspiel.

Beteiligte: Die ganze Gruppe.

Ziel: Aufmerksamkeit wird geübt.

Dauer: 15 Minuten.

Wir brauchen dazu: Einen kleinen runden Stein.

Wie geht es? Die Spieler sitzen oder stehen eng im Kreis, die Hände hinter dem Rücken. Der Spielleiter steht im Kreis. Irgendeiner hält den Stein in der Hand und gibt ihn so weiter, daß möglichst nicht zu erkennen ist, wohin der Stein wandert. Der Spielleiter versucht, den Stein zu finden; fragt er einen der Mitspieler, muß der seine beiden Hände vorzeigen. Hat er den Stein, ist er der nächste in der Kreismitte.

Variation: Dieses Spiel kann auch ohne Stein gespielt werden, nur mit Händedruck, der weiterwandert. Dann ist die Schnelligkeit der Spieler und ihre Ehrlichkeit gefragt. Natürlich müssen sich die Spieler dann an den Händen fassen.

Wann einsetzen? Nach der Pause.

Blinken

Art: Konzentrationsspiel im Kreis.

Beteiligte: Mindestens zehn Mitspieler.

Ziel: Möglichst schnell weiterblinken, Reaktionsvermögen üben.

Dauer: 15 Minuten.

Wir brauchen dazu: So viele Kärtchen mit Zahlen, wie Mitspieler dabei sind. Nadeln oder Tesakrepp.

Wie geht es? Die Teilnehmer sitzen im Kreis, und jeder zieht eine Nummer, die er sich ansteckt. Der Spielleiter beginnt zu »blinken«, indem er die Spitzen seiner beiden Daumen an die Schläfe drückt und mit den Händen winkt. Der Nachbar zur Rechten winkt dabei mit der linken Hand, der linke Nachbar mit der rechten Hand. Der Blinker blitzt nun einen Mitspieler im Kreis an und sagt dessen Nummer. Der Genannte reagiert schnell, er wird jetzt Hauptblinker, und er und seine Nachbarn spielen das Spiel weiter.

Hinweis: Der Angeblinkte darf erst weiterblinken, wenn seine Nebenleute winken. Also, Nachbarn, aufgepaßt!

Wann einsetzen? Nach der Pause.

Achtung! Auf Schnelligkeit achten.

Eins ist zuviel

Art: Konzentration.

Beteiligte: Jeder für sich oder in Kleingruppen.

Ziel: Finden Sie das Wort, das nicht die Gemeinsamkeit der anderen vier aufweist und daher nicht in die Reihe gehört.

Dauer: Zehn Minuten.

Wir brauchen dazu: Je Mitspieler oder Gruppe eine Spielkopie oder eine Folienvorlage für den Overheadprojektor.

Wie geht es? Zum Beispiel können folgende Wortgruppen angeboten werden:

- Heinemann, Adenauer, Scheel, Heuss, Carstens
- Bussard, Falke, Sperber, Reiher, Habicht
- Griechenland, Italien, Spanien, Tunesien, Holland
- Seide, Wolle, Baumwolle, Leinen, Perlon
- Kaffee, Kakao, Tee, Zimt, Saft
- Känguruh, Schlange, Affe, Hase, Wolf
- Garbo, Bergmann, Streep, Dietrich, Monroe
- Schmeling, Schumacher, Lauda, Rosemeyer, Stuck

Besondere Hinweise: Dieses Spiel können Sie besonders gut firmen- oder seminarbezogen variieren.

Wann einsetzen? Nach der Pause.

Knobelei

Art: Sanftes Spiel.

Beteiligte: Die ganze Gruppe.

Ziel: Konzentration.

Dauer: Fünf Minuten.

Wir brauchen dazu: Overheadprojektor oder Flipchart oder Plakat.

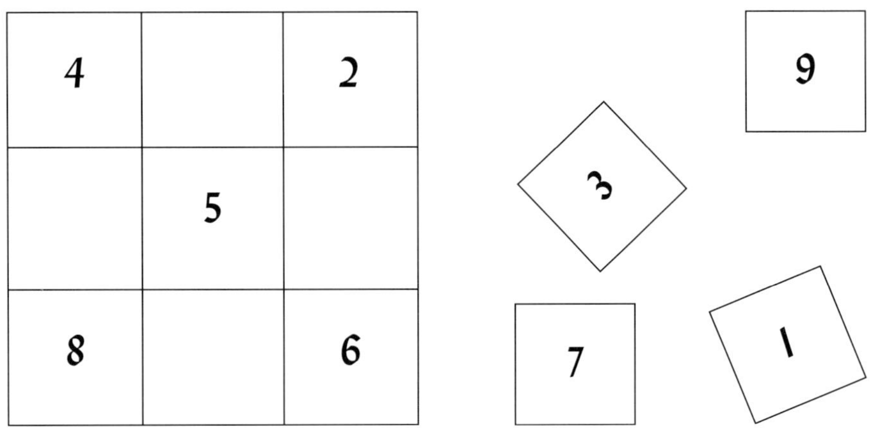

Auflösung auf Seite 246.

Wie geht es? Legen Sie die vier frei schwebenden Zahlen so auf die leeren Felder, daß die Summe auf jeder waagerechten und jeder senkrechten Reihe die gleiche ist. Wieviel Zeit brauchen Sie?

Besondere Hinweise: Das kann ein Wettspiel sein, wenn die Gruppe so etwas mag. Machen Sie das Spiel schwerer, je nach Bedarf.

Wann einsetzen? Nach der Pause, am Abend oder am Anfang eines Seminartages.

Kreis auf Kreis

Art: Sanftes Spiel.

Beteiligte: Die ganze Gruppe.

Ziel: Konzentration/Üben der Vorstellungskraft.

Dauer: Zwei Minuten.

Wir brauchen dazu: Overheadprojektor. Folie, auf die folgende Kreise gezeichnet sind:

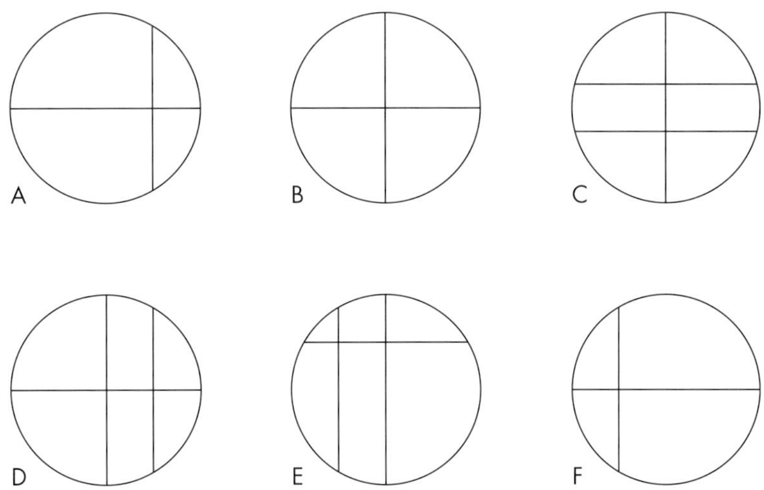

Auflösung auf Seite 246.

Wie geht es? Die Kreise projizieren. Welche zwei Kreise müßten aufeinandergelegt werden, damit ein dritter der abgebildeten Kreise daraus entsteht?

Besondere Hinweise: Wenn Sie zwei Folien anfertigen, können Sie diese als Lösung übereinanderlegen.

Wann einsetzen? Nach der Pause.

Kugelfang

Art: Ruhiges Spiel.

Beteiligte: Alle Seminarteilnehmer.

Ziel: Geduld und Geschicklichkeit werden geübt.

Dauer: 15 Minuten.

Wir brauchen dazu: Eine Bocciakugel oder einen Tennisball und eine etwa fünf Meter lange Schnur je Mitspieler.

Wie geht es? Die Kugeln werden auf einer Startlinie nebeneinandergelegt. Jeder Spieler legt seine Schnur als Schlaufe um seine Kugel und setzt sich so weit von der Kugel weg, wie die Schnur reicht. Dann versucht er ganz vorsichtig, die Kugel zu sich heranzuziehen.

Besondere Hinweise: Besonders gut geht das auf einem glatten Boden, im Gras wird es kompliziert.

Wann einsetzen? Als Konzentrationsübung nach einer Pause.

Lernspiele

4

Spiel und Erholung: unerläßlich für die Gesundheit der Kinder

Lachen und Spielen sind für Kinder ebenso wichtig wie Essen und Trinken, Liebe und Geborgenheit. Es bedurfte aber erst der pädagogischen Pionierarbeit Maria Montessoris (italienische Ärztin und Begründerin eines kindgerechten Unterrichts; 1870 – 1952), um zu begreifen, wie wichtig das Spielen für die gesunde Entwicklung des Kindes und sein soziales Verhalten ist: »Spiel ist die Arbeit des Kindes«. Dennoch können sich Kinder vielerorts nicht ausreichend altersgemäß vergnügen und erholen. Teils werden ihre individuellen Entfaltungsmöglichkeiten durch harte Fabrik- oder Feldarbeit eingeschränkt, mit der sie zum Unterhalt ihrer Familie beitragen müssen. Teils hindern phantasieloses Spielzeug oder der Leistungsdruck der ehrgeizigen Eltern Kinder an einer aktiven, selbstbestimmten Freizeitgestaltung. Kinder benötigen Raum und Zeit zum spontanen, kreativen Spiel. Laßt Kinder spielen! (Quelle: UNICEF)

Spielzeug und Spiele

Gesunde Kinder ohne vorgefertigtes Spielzeug entwickeln Phantasie: Aus leeren Büchsen, mit langen Schlaufen durchzogen, werden Stelzen; ein Stock, zwischen die Beine geklemmt, verwandelt sich in ein Pferd. Wie verkümmert scheinen dagegen die kreativen Fähigkeiten der Kinder, die mit Elektronik und Plastikspielzeug überschüttet werden! Dabei ist das Spielespielen eine zutiefst menschliche Eigenschaft, die schon in frühesten Kulturen zu beobachten war.

Der gezielte Einsatz von pädagogisch wertvollen Spielen kann Welten einander näherbringen: Spielerisch lernen Kinder, sich mit unterschiedlichen Kulturen auseinanderzusetzen. Über das Spiel kann nach neuen Wegen zur friedlichen Konfliktlösung »Im Geiste der Verständigung, des Friedens, der Toleranz, der Gleichheit der Geschlechter und der Freundschaft zwischen den Völkern« gesucht werden.

Dabei ist kreatives Spiel nicht alleine eine Frage des richtigen Spielzeugs. Kinder brauchen Mitspieler, gerade im Zusammenspiel mit anderen Kindern oder Erwachsenen verbinden sich Spaß und persönliche Entwicklung auf besonders fruchtbare Weise. Deshalb appelliert UNICEF auch an die Eltern, oft mit ihren Kindern zu spielen.

Zur rechten Zeit

Der Forscher und Psychologe Carl Englund vom Naval Health Research Center in San Diego fand bei seinem Studium der täglichen Rhythmen der Menschen heraus, daß unsere Arbeitsstundenpläne normalerweise nicht auf unseren inneren Lernrhythmus abgestimmt sind.

Englund schreibt: »Erstens beginnen sie zu früh. Zweitens ist der Stundenplan wichtiger als der Mensch«. Bestimmte Dinge sollten nicht am Vormittag, andere nicht am Nachmittag erledigt werden. Es gibt also für alle Aktivitäten eine »beste« Tageszeit:

- Das Kurzzeitgedächtnis ist beispielsweise nachmittags weniger aktiv; das Langzeitgedächtnis ist aber in dieser Zeit leistungsfähiger.
- Je weiter der Tag fortschreitet, desto langsamer wird die Lesegeschwindigkeit, um so besser aber das Leseverständnis.
- Am späten Nachmittag und am frühen Abend ist die intellektuelle Leistung am höchsten.
- Am frühen Nachmittag erreicht die Aktivitätsphase ihren Höhepunkt.

Domino

Art: Kreatives Lernspiel.

Beteiligte: Kleingruppen mit fünf bis zehn Mitspielern.

Ziel: Herstellen eines Lern-Dominos.

Dauer: 15 Minuten für die Vorbereitung, 30 Minuten fürs Spiel.

Wir brauchen dazu: Blanke Memory-Kärtchen und Klebeetiketten.

Wie geht es? Zu einem bestimmten Thema (Seminarthema, Lernstoff) notieren die Mitspieler Wortpaare (z.B. »Telefon – Anschluß«, »Tasten – Hörer«, »Telefonkarte – Plastikgeld« usw.) und kleben die beschrifteten Etiketten auf die Kärtchen. Ist das geschehen, kann das Domino-Spiel beginnen: Der erste legt eine Karte, der nächste schließt mit einer passenden an usw., bis alle ihre Karten angelegt haben.

Besondere Hinweise: Kärtchen und Etiketten gibt es bei villa bossaNova (s. Seite 249).

Wann einsetzen? Als Lernspiel, denn so machen Lerntransfer und Üben des Gelernten viel mehr Spaß.

Achtung! Die Etiketten kann man wieder von den beschichteten Kärtchen abziehen. Es ist also möglich, wieder ein neues Spiel zu gestalten oder etwas, das sich nicht so gut bewährt, durch etwas Besseres zu ersetzen.

Seminarquartett

Art: Kreatives Kartenspiel als Lernspiel.

Beteiligte: Die ganze Gruppe.

Ziel: Als Lerntransfer, zur Wiederholung, zur Festigung.

Dauer: Eine Stunde.

Wir brauchen dazu: Vorbereitete oder leere Quartettkarten, auf die ein Oberbegriff und vier verschiedene Teile, Funktionen oder Eigenschaften geschrieben sind oder werden.

Wie geht es? Wie ein Quartettspiel spielen. Deshalb für einen Oberbegriff vier Unterbegriffe ausdenken, beispielsweise so:

Kommunikation	Fragen	Fitneß	Firma Müller
1. Verbale	1. Offene	1. Atmen	1. Computer
2. Nonverbale	2. Geschlossene	2. Entspannung	2. Software
3. Fragen	3. Alternative	3. Bewegung	3. Hotline
4. Antworten	4. Suggestive	4. Nahrung	4. Datenbank

Karten mischen, jeder Spieler erhält vier Karten, der Rest liegt als Stapel in der Mitte des Tisches. Der erste nimmt die oberste verdeckte Karte vom Stapel und legt dafür eine andere neben den Stapel. Der nächste Spieler folgt usw. Wer vier passende Karten hat, hat ein Quartett und legt dieses Quartett offen vor sich hin. Er hat gewonnen. Die anderen spielen weiter.

Besondere Hinweise: Mit manchen Gruppen ist es möglich, die Quartettkarten selbst zu gestalten und neue Spielregeln zu finden.

Metaphern erfinden

Art: Kreatives Wortspiel.

Beteiligte: Zwei oder drei Personen bilden eine Kleingruppe.

Ziel: Zwei Wörter finden, die anscheinend widersprüchlich sind. Zwischen beiden aber muß es eine Gemeinsamkeit geben, das metaphorische Band. Sammeln von fünfzig (weniger) abstrakten, aber vielen konkreten Substantiven, die Orte oder Dinge bezeichnen, die Sie interessant finden.

Dauer: Zwei Tage Vorbereitung. Das Spiel selbst kann beliebig lang gespielt werden.

Wir brauchen dazu: Fünfzig kleine Karteikärtchen; auf jedes schreiben wir ein Wort.

Wie geht es? Die Kleingruppe sammelt zwei Tage lang Substantive, von denen je zwei gut zusammenpassen, und notiert je eines auf ein Kärtchen. Die Karten werden gemischt, und jeder zieht so lange Karten, bis er zwei gefunden hat, die im wörtlichen Sinn nichts miteinander zu tun haben, im übertragenen Sinn aber verwandt sind. Z.B.: Gedanken + Wind. Unsere Gedanken sind natürlich kein Wind, aber sie fliegen so schnell wie der Wind, wohin sie wollen. Dann erläutert jeder sein Wortpaar.

Besondere Hinweise: Diese Übung hilft, die Wirkung von Metaphern zu erfassen. Eine Metapher ist für uns ein gut zu erinnerndes weites Bild, wie z.B.: Der Herbst ist ein Maler.

Wann einsetzen? Zur Vorbereitung von Visualisierungen.

Memory

Art: Kreatives Lernspiel.

Beteiligte: Kleingruppen mit fünf bis zehn Mitspielern.

Ziel: Erstellen eines Memory-Spiels. Beim Spielen möglichst viele Kartenpaare sammeln.

Dauer: 15 Minuten für die Herstellung, 30 Minuten für das Spiel.

Wir brauchen dazu: Blanke Memory Kärtchen und Klebeetiketten.

Wie geht es? Jeder Teilnehmer gestaltet zwei zusammengehörende Memory-Karten zum Seminarthema oder Lernstoff (z.B. »Verkauf – Bedarfsanalyse«, »Fragen – Antworten«, »Transaktionsanalyse – Ich-Zustände«, »Hardware – Software« usw.). Anschließend werden die Kärtchen in der Gruppe besprochen, und dann kann das Spiel beginnen:
Alle Karten verdeckt auf den Tisch legen. Der erste Spieler deckt zwei Karten auf. Passen sie zusammen, darf er sie an sich nehmen; passen sie nicht, legt er sie verdeckt zurück, und der nächste spielt weiter.

Besondere Hinweise: Kärtchen und Etiketten gibt es bei villa bossaNova (s. Seite 249).
Wenn Sie fertige Memory-Karten zum Gedächtnistraining einsetzen möchten, dann eignet sich dazu das sehr gut gestaltete MEGA MEMO aus der Spiele-Reihe THINK vom Ravensburger Spieleverlag (s. Seite 249). Eine besondere Herausforderung ist dabei das TWIST-MEMORY, denn neben 72 einseitig bedruckten Bildkarten, werden 56 doppelseitig bedruckte Bildkarten angeboten, bei denen man sich Bildkombinationen merken muß.

Wann einsetzen? Zum Lerntransfer und Üben des Gelernten.

Wortpuzzle

Art: Schreibspiel.

Beteiligte: Je zwei Personen spielen zusammen.

Ziel: Wiedererkennen der Wörter.

Dauer: 30 – 45 Minuten.

Wir brauchen dazu: Pro Spieler eine Spielkopie.

Wie geht es? Jeder Spieler wählt 10 – 20 Schlüsselwörter aus einem Text aus und schreibt sie auf die mit 1 – 20 numerierten Linien. Jetzt trägt er möglichst viele dieser Wörter in das Wortgitter ein. Von links nach rechts, von oben nach unten, von rechts nach links oder diagonal. Dazwischen füllt er leerbleibende Felder mit beliebigen Buchstaben aus. Dann werden die unten notierten Wörter nach hinten weggefaltet und das Blatt mit dem Nachbarn ausgetauscht. Nun geht die Suche nach Wörtern los. Sie werden mit Leuchtstift markiert.

Wann einsetzen? Zum Festigen und Vertiefen des Gelernten.

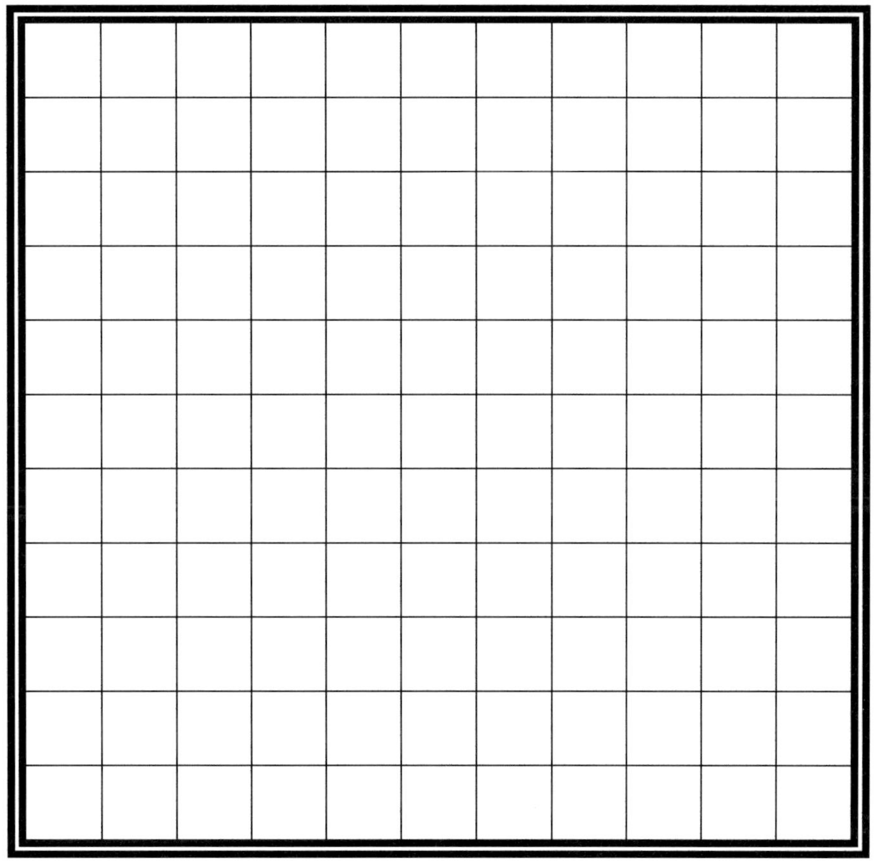

1 ______________________
2 ______________________
3 ______________________
4 ______________________
5 ______________________
6 ______________________
7 ______________________
8 ______________________
9 ______________________
10 ______________________
11 ______________________
12 ______________________
13 ______________________
14 ______________________
15 ______________________
16 ______________________
17 ______________________
18 ______________________
19 ______________________
20 ______________________

Puzzle

Art: Kreatives Lernspiel.

Beteiligte: Kleingruppen mit je fünf Mitspielern.

Ziel: Erstellen eines Puzzles, Zusammensetzen des zerschnittenen Puzzles.

Dauer: 30 Minuten für die Anfertigung, 15 Minuten fürs Spiel.

Wir brauchen dazu: DIN-A3-Papier oder Flipchart-Papier oder Karton, Scheren.

Wie geht es? Auf den leeren Bogen ziehen die Teilnehmer Linien mit Filzstift, z.B.:

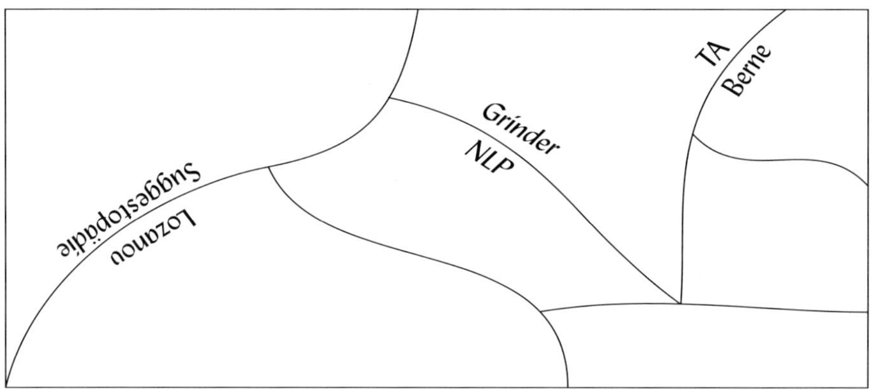

Dann werden Begriffe, die zusammengehören, rechts und links der Linienabschnitte geschrieben. Ist alles beschriftet, wird die Vorlage entlang den Linien in Stücke geschnitten. Diese Stücke bekommt dann eine andere Gruppe zum Zusammensetzen. Die Gruppen können alle Puzzles austauschen, bis jede Gruppe jedes gehabt hat. Das kann auch ein Wettspiel sein.

Besondere Hinweise: In Sprachkursen stehen sich die Wörter in Deutsch und der Fremdsprache gegenüber.

Wann einsetzen? Zum Einprägen und Wiederholen.

Die Essenzbahn

Art: Sanftes Spiel.

Beteiligte: Die ganze Gruppe.

Ziel: Die Quintessenz eines Themas, Tages oder Seminars.

Dauer: 20 – 30 Minuten.

Wir brauchen dazu: Eisenbahnwagen, auf Papier gemalt und ausgeschnitten. Ein kleiner Spielzug wäre natürlich ideal ...

Wie geht es? Den Merksatz zerschneidet man in Stücke, nicht in sinnvolle Wörter, und heftet auf jeden Waggon ein Stück, so daß keinerlei Sinn mehr zu erkennen ist. Die Teilnehmer koppeln die Wagen dann so lange um, bis der richtige Satz gefunden ist.

Besondere Hinweise: Laminierte Bahnwagen aus Plakatkarton können immer wieder neu beklebt und eingesetzt werden.

Wann einsetzen? Am Abend, am Ende einer Lerneinheit, am Ende des Seminartages.

Selbstlautlos I

Art: Sanftes Lernspiel.

Beteiligte: Alle Teilnehmer oder zwei Gruppen.

Ziel: Fachwortschatz lernen.

Dauer: 30 Minuten.

Wir brauchen dazu: Plakate oder Flipchart-Blätter, die mit Wörtern ohne Vokale beschriftet sind (oder umgekehrt ohne Konsonanten).

Wie geht es? Die Aufgabe der Seminarteilnehmer besteht darin, sich die Poster genau anzuschauen und die Wörter zu identifizieren und zu notieren.

Ein Beispiel: VRKFSLTR.
Welchen Beruf hat dieser Mann? (Verkaufsleiter)

Wenn Sie zwei Gruppen bilden, gestalten die Teilnehmer selbst Plakate, die sie sich gegenseitig präsentieren.

Besondere Hinweise: Schreiben Sie mit Druckbuchstaben groß und deutlich.

Wann einsetzen? Zum Festigen des Gelernten.

Wortkategorien

Art: Schreibspiel.

Beteiligte: Je Gruppe drei bis fünf Personen.

Ziel: So viele Felder wie möglich ausfüllen.

Dauer: 30 Minuten.

Wir brauchen dazu: Eine Spielkopie pro Person oder eine Spielkopie pro Gruppe.

Wie geht es? Die Spieler einigen sich mit dem Trainer, welche fünf Wortkategorien sie in die senkrechte Spalte links eintragen wollen (z.B. Begriffe aus dem Arbeitsbereich oder dem Seminarinhalt; wenn es nicht der Wiederholung des Gelernten dienen soll, dann vielleicht Stadt, Land, Fluß ...). Dann verabreden sie ein Wort mit sechs Buchstaben und tragen in jedes Feld oben horizontal einen Buchstaben ein (z.B. lernen). Jetzt versucht jede Gruppe (Person), möglichst viele Spielfelder auszufüllen. Also eine Stadt mit L = Lissabon, ein Land mit E = Estland, ein Fluß mit R = Rhein usw. Oder alle Begriffe beginnen mit L, dann mit E usw. Am Ende teilen sich die Gruppen ihre Lösungen gegenseitig mit.

	L	E	R	N	E	N
Stadt						
Land						
Fluß						
...						
...						
...						

Wann einsetzen? Zur Integration, zur Wiederholung, zum Vertiefen der Lerninhalte.

Buchstabensalat

Art: Schreibspiel.

Beteiligte: Je zwei Personen.

Ziel: Versteckte Wörter finden und markieren.

Dauer: 30 Minuten.

Wir brauchen dazu: Pro Spieler eine Spielkopie des Wortgitters.

Wie geht es? Jeder Spieler notiert sich 25 wichtige Wörter aus dem Lernstoff des Tages und schreibt ein Wort pro Zeile in das Wortgitter ein. In der Mitte jeden Wortes läßt er einen Buchstaben aus und das Kästchen leer. Diesen Buchstaben notiert er unter dem Wortgitter. Zuletzt werden die leeren Felder mit beliebigen Buchstaben gefüllt. Tauschen Sie die Blätter und suchen Sie die Wörter des Mitspielers und markieren Sie sie. Zuletzt unterhalten sich die Spieler.

Wann einsetzen? Gut geeignet zum Wiederholen und Festigen von neuen Informationen oder Wörtern.

Wörter im Versteck

Art: Schreibspiel.

Beteiligte: Die ganze Gruppe.

Ziel: Schnelles Finden von versteckten Wörtern.

Dauer: 15 Minuten.

Wir brauchen dazu: Raster, in die Buchstaben eingesetzt werden, oder pro Person eine Spielkopie oder eine Projektionsvorlage.

Wie geht es? Wie heißt das Wort?

z.B.

U	A
F	L
N	E

= LAUFEN

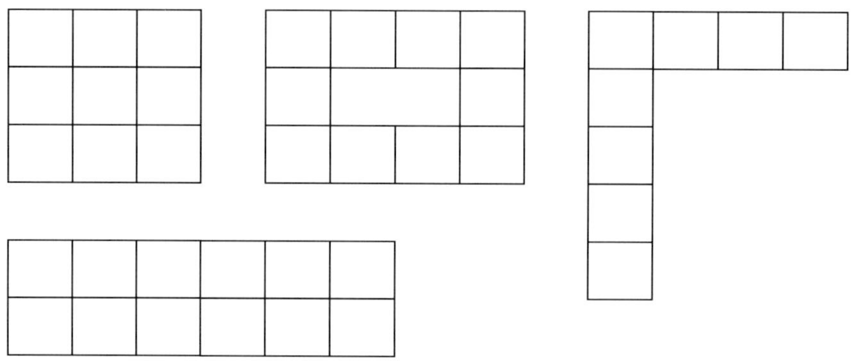

Besondere Hinweise: Gestalten Sie die Aufgaben passend zur Seminararbeit.

Wann einsetzen? Zum Verbessern der Informationsaufnahme, zum Wiederholen und Festigen.

Achtung! Je mehr Buchstaben Sie verstecken, desto schwieriger wird die Aufgabe.

Buchstabenrätsel

Art: Schreibspiel.

Beteiligte: Je zwei Personen.

Ziel: Ruhe finden.

Dauer: Zehn Minuten.

Wir brauchen dazu: Vorbereitete Blätter mit dem passenden Raster.

Wie geht es? Richtig sortiert, ergeben die Buchstaben jeweils ein Kleidungsstück.

R Z E S B B U E A

Lösung Seite 246.

Besondere Hinweise: Besonders geeignet zum Lernen von neuen Fachwörtern.

Wann einsetzen? Im Sprachunterricht, im Skill-Training.

Bingo

Art: Schreibspiel.

Beteiligte: Jeder einzelne spielt mit.

Ziel: Wer fünf X in einer Reihe bekommen hat, ist Gewinner. Ob die Reihe senkrecht, waagerecht oder diagonal voll ist, ist egal.

Dauer: 30 Minuten.

Wir brauchen dazu: Etwa 50 Bild- oder Wortkarten mit Begriffen aus dem vermittelten Lehrstoff. Pro Spieler eine Spielkopie.

Wie geht es? Der Spielleiter legt die Karten offen auf den Boden oder hängt sie an die Wand. Jeder Mitspieler wählt 25 Worte aus und trägt sie in die Felder ein (pro Feld ein Wort). Der Spielleiter mischt die Karten und legt sie in einen Korb o.ä. Ein Mitspieler zieht eine Karte und beschreibt den Begriff mit eigenen Worten, bis ein anderer ihn errät. Alle Spieler, die diesen Begriff in einem Bingofeld haben, dürfen ein X darüber machen. Wer alle Felder durchkreuzt hat, ruft »Bingo«.

Besondere Hinweise: Die benötigten Karten können durch die Gruppe gestaltet und angefertigt werden.

Wann einsetzen? Zur Wiederholung.

B	I	N	G	O

Wörter mit N

Art: Schreibspiel.

Beteiligte: Die ganze Gruppe.

Ziel: Wiederholen des gelernten Stoffes, Einsetzen neu gelernter Begriffe.

Dauer: 30 Minuten.

Wir brauchen dazu: Ein für unseren Zweck vorbereitetes Diagramm, mit den richtigen Buchstaben am richtigen Platz, um Schlüsselwörter zu finden.

Wie geht es? Vervollständigen Sie jede Zeile des Diagramms, indem Sie in jeden Kreis einen Buchstaben setzen. Das N bleibt auf dem eingezeichneten Platz.

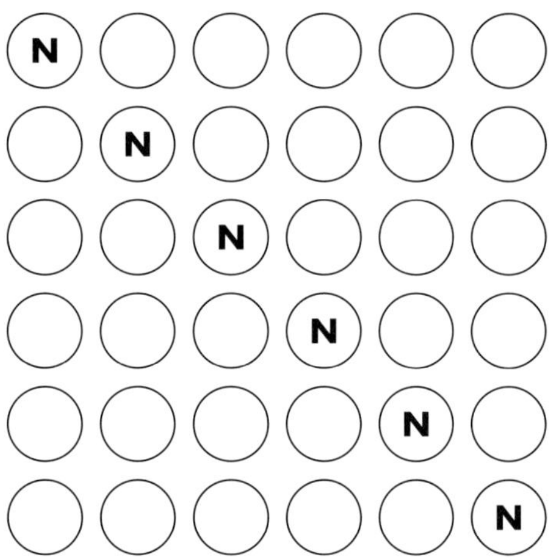

Besondere Hinweise: Am leichtesten geht es mit E. Sie können auch bunte Reihe spielen und beliebige Buchstaben irgendwohin setzen.

Wann einsetzen? Am Ende einer Lerneinheit, am Ende des Tages.

Buchstabenallerlei

Art:	Kreatives Schreibspiel.
Beteiligte:	Je drei Spieler in einer Kleingruppe.
Ziel:	Zwei Spieler finden den Satz, den sich der dritte ausgedacht hat.
Dauer:	30 Minuten.
Wir brauchen dazu:	Einen Bogen Papier und für jeden Spieler einen Stift.
Wie geht es?	Ein Spieler denkt sich einen Satz aus, der ca. 20 Buchstaben hat. Er schreibt alle Buchstaben einzeln und durcheinander als großen Haufen auf das Blatt. Die beiden Mitspieler bilden aus dem Buchstabenallerlei Wörter, die am Ende den richtigen Satz ergeben sollen.
Besondere Hinweise:	Oft gelingt das nicht, und es bleiben Buchstaben übrig. Auch mit wichtigen Aussagen zum Seminarthema können Merksätze gebildet werden.
Wann einsetzen?	Zum Wiederholen oder Einprägen wichtiger Lerninhalte.

Mischmasch

Art: Schreibspiel.

Beteiligte: Je zwei Personen.

Ziel: Der Mischmasch muß entziffert werden.

Dauer: Eine Stunde.

Wir brauchen dazu: Eine Spielkopie pro Person.

Wie geht es? Aus einem erarbeiteten Text sucht sich jeder Mitspieler zwölf möglichst schwierige Wörter aus. Diese Wörter schreibt er in die erste Spalte der Spielkopie (A). Dann werden diese Wörter in die Spalte B übertragen, wobei man alle Buchstaben eines Wortes durcheinander mischt. Dann wird das Blatt an der Linie zwischen A und B so gefaltet, daß man A nicht mehr sehen kann. Die Spieler tauschen die Blätter, jeder entziffert die Wörter des anderen und schreibt sie in Spalte C. Wenn beide fertig sind, entfalten sie die Bögen und überprüfen die Lösungen.

Wann einsetzen? Zum Festigen des Gelernten, Transfer in das Langzeitgedächtnis.

A	B	C
1	1	1
2	2	2
3	3	3
4	4	4
5	5	5
6	6	6
7	7	7
8	8	8
9	9	9
10	10	10
11	11	11
12	12	12

Selbstlautlos II

Art: Schreibspiel.

Beteiligte: Alle Teilnehmer in Zweiergruppen.

Ziel: Finden der Vokale/Wörter vervollständigen.

Dauer: 30 – 45 Minuten.

Wir brauchen dazu: Pro Person eine Spielkopie, die folgendermaßen aussieht: Auf einer DIN-A4-Seite quer zehn Linien ziehen. Nun längs in Drittel teilen. Jetzt jedes Drittel durchnumerieren.

1 VERTRIEB	1 VRTRB	1
2 AUSSENDIENST	2 SSNDNST	2
3 ORGANISATION	3 RGNSTN	3
4	4	4
5	5	5
6	6	6
7	7	7
8	8	8
9	9	9
10	10	10

Wie geht es? Jeder Spieler wählt aus einem Text zehn Wörter aus und trägt sie untereinander in die linke Spalte ein. Dann überträgt er die Wörter in die mittlere Spalte, läßt aber alle Vokale weg. Er faltet das Blatt an der linken Linie so nach hinten, daß die linke Spalte nicht zu sehen ist und tauscht sein Blatt mit dem Spielpartner. Jeder komplettiert die Wörter und trägt sie in die rechte Spalte ein. Wenn beide fertig sind, falten sie die Blätter auseinander und vergleichen und diskutieren das Ergebnis.

Wann einsetzen? Zur Festigung/zum Transfer ins Langzeitgedächtnis.

Lückenbüßer

Art: Schreibspiel.

Beteiligte: Je zwei Personen oder eine Kleingruppe.

Ziel: Aus zwei vorgegebenen Konsonanten durch Einsetzen von Vokalen und Doppellauten so viele Wörter wie möglich machen.

Dauer: 30 Minuten.

Wir brauchen dazu: Dazu sind keine besonderen Zutaten nötig.

Wie geht es? Schreiben Sie zwei Konsonanten ans Flipchart (z.B. R S). Die Gruppen ergänzen beliebige Vokale, Umlaute und Doppellaute, um möglichst viele Wörter zu finden (Reis, Rose, Riese etc.).

Besondere Hinweise: Natürlich können Sie auch streng seminarthemenbezogene Wörter erwarten.

Wann einsetzen? Wenn der Geist auf Touren kommen soll, zum Gehirntraining.

Kopfkino

Art: Spiel des kreativen Ausdrucks.

Beteiligte: Maximal zehn Personen in einer Gruppe.

Ziel: Erfinden einer Geschichte mit vorgegebenen Wörtern.

Dauer: 30 Minuten oder länger.

Wir brauchen dazu: Ca. 20 Karten pro Gruppe, auf die je ein Eigenschaftswort (Adjektiv) geschrieben wurde (vom Trainer) oder wird (von den Spielern selbst).

Wie geht es? Jede Gruppe legt ihre Karten lesbar in die Mitte des Tisches, um den alle sitzen. Einer beginnt eine Geschichte mit einem Wort, das er danach umdreht, wer weiter weiß, fährt fort.

Besondere Hinweise: Sehr gut geeignet für Fachwortschatz, der gelernt werden soll und der sich in Nonsensgeschichten besonders gut behalten läßt.

Wann einsetzen? Zur Steigerung der Kreativität, zum Transfer ins Langzeitgedächtnis, zur Wiederholung, am Ende einer Lerneinheit.

Variation: Postkarten oder Bildkarten regen zum Erzählen der Story an. Dabei kann sehr gut Bildmaterial zum Thema des Seminars verwendet werden.

Besuch im Altersheim

Art: Lernspiel zur Wiederholung.

Beteiligte: Die ganze Gruppe.

Ziel: Transfer ins Langzeitgedächtnis durch Wiederholung.

Dauer: Je nach Umfang des Stoffes.

Wie geht es? Die Gruppe sitzt im Kreis. Der Trainer greift die zu lernenden Stichworte oder Sätze aus dem Gesamtstoff und spricht sie zur Gruppe, aber die Gruppe ist der schwerhörige Großvater, der nicht gut versteht und etwas Falsches wiederholt. Also muß oft wiederholt werden, wobei die ganze Gruppe spricht, um die nötige Lautstärke zu erreichen. Nach ca. fünfmaligem Wiederholen sagt die Gruppe dreimal das Richtige.

Variation 1: Statt des Trainers spricht ein Teilnehmer.

Variation 2: Die Gruppe kann auch von einer Seite zur anderen sprechen und antworten und sich von Gruppe zu Gruppe wichtige Erkenntnisse und Merksätze zurufen.

»Feuer«

Art: Lernspiel mit Bewegung.

Beteiligte: Die ganze Gruppe.

Ziel: Zur Auflockerung oder zum Lernen.

Dauer: 30 Minuten.

Wir brauchen dazu: Eine große Kreisrunde.

Wie geht es? Die Teilnehmer sitzen im Kreis, der Spielleiter steht in der Mitte. Er zeigt auf einen Mitspieler oder wirft ihm den Ball zu und nennt eines der Elemente (Wasser, Erde, Luft) und zählt dann laut bis zehn. Der Angesprochene muß nun schnell ein Tier nennen, das in diesem Element lebt, bevor der Spielleiter die Zehn erreicht.
Schafft er das, sucht der Spielleiter ein neues Opfer. Da bereits genannte Tiere nicht noch einmal genannt werden dürfen, wird der Spielleiter beim Zählen bald bis zehn kommen, ohne daß der Mitspieler ein Tier nennen kann. Dann ruft er »Feuer«, und alle müssen die Plätze tauschen. Der Spielleiter versucht, einen Platz zu bekommen. Wer übrigbleibt, spielt nun den Spielleiter.

Besondere Hinweise: Bei firmeninternen Schulungen kann der Spielleiter Abteilungen oder Aufgaben nennen, zu denen die Mitspieler passende Begriffe finden sollen.

Wann einsetzen? Mit seminarbezogenen Wörtern als Lernspiel zum Üben und Vertiefen.

Montagsmaler

Art: Kreatives Lernspiel.

Beteiligte: Die ganze Gruppe bildet Mannschaften mit je fünf Spielern.

Ziel: Darstellen und Erraten von Seminarinhalten.

Dauer: Eine Stunde.

Wir brauchen dazu: Flipchart oder Tafel, Stoppuhr, Fachwortschatz, auf Kärtchen nach Themen geordnet.

Wie geht es? Je zwei Mannschaften spielen miteinander. Die anderen sind Zuschauer. Eine Mannschaft verläßt den Raum, die andere beginnt. Ein Spieler dieser Mannschaft malt nacheinander die auf den Karten aufgeschriebenen Begriffe, die anderen raten. Wie viele schaffen sie in fünf Minuten? Dann spielt die zweite Mannschaft. Wer ist schneller und malt und errät mehr Begriffe?

Besondere Hinweise: Sind zwei Mannschaften gleich erfolgreich, gibt's ein Stechen.

Wann einsetzen? Zum Lerntransfer oder nur zum Spaß am Abend.

Fransenball

Art: Lernen mit Bewegung.

Beteiligte: Die ganze Gruppe.

Ziel: Der Lernstoff wird geübt.

Dauer: 20 Minuten.

Wir brauchen dazu: Einen Koosh-Ball oder Softball.

Wie geht es? Die Teilnehmer und der Trainer sitzen im Kreis. Der Trainer stellt z.B. eine Frage zum heute behandelten Seminarstoff und wirft den Ball einem Mitspieler zu. Dieser fängt den Ball und antwortet. Ist die Antwort richtig (das entscheidet der Trainer mit Kopfnicken), stellt er eine neue Frage an einen anderen Mitspieler, während er diesem den Ball zuwirft, usw.

Besondere Hinweise: Wenn das Thema kompliziert ist, bekommt der Trainer mit jeder Antwort den Ball zurück und stellt die Fragen selbst.

Wann einsetzen? Zur Wiederholung und zum Transfer in das Langzeitgedächtnis.

Hinweis: Den original »Koosh-Ball« bekommen Sie bei Sport Thieme GmbH, siehe Empfehlungen auf Seite 249.

Siebzehn und vier

Art: Kommunikationsspiel beim Lerntransfer.

Beteiligte: Die ganze Gruppe.

Ziel: Wiederholung.

Dauer: 30 Minuten.

Wir brauchen dazu: Begriffe aus dem Seminarinhalt.

Wie geht es? Ein Spieler denkt sich eine Sache aus. Die anderen müssen versuchen, durch 21 geschickt gestellte Fragen herauszufinden, um was es sich handelt. Am besten kommt man zum Ziel, wenn die Fragen zunächst allgemein formuliert werden und dann allmählich das Besondere einkreisen. Die Antworten dürfen immer nur »Ja«, »Nein«, »Vielleicht« oder »Ich weiß nicht« heißen.

Besondere Hinweise: Das Spiel ist leichter, wenn die Zahl der Fragen nicht begrenzt und das Sachgebiet vorher festgelegt wird (z.B. Damenoberbekleidung, Berufe o.ä.).

Wann einsetzen? Zur Übung von Spezialbegriffen, bezogen auf den Seminarinhalt.

Mönchsgang

Art: Peripathetisches Gehen beim Lesen oder Lernen.

Beteiligte: Die ganze Gruppe.

Ziel: Lernen in der gleichmäßigen Bewegung.

Dauer: 15 Minuten.

Wir brauchen dazu: Eventuell leise Pop- oder klassische Instrumentalmusik.

Wie geht es? Die Teilnehmer bilden einen Kreis und lesen wiederholend den Text. Bei wichtigen Passagen des Textes wenden sie sich an eine gedachte Person in der Mitte des Kreises und sprechen sehr betont und eindringlich (lauter, schneller, langsamer oder leiser).

Variation: Die Gruppe bildet so viele Kleingruppen, wie Personen/Dinge oder Rollen im Text vorkommen. Die Kleingruppen lesen jeweils gemeinsam zur angeredeten Person gewendet und drücken dabei Emotionen aus. Sie lesen z.B. »laut«, die anderen antworten: »leise« (»heftig – sanft«, »wütend – sanft«, »beleidigt – charmant«, »traurig – fröhlich«, »lustig – ernst« usw.).

Wann einsetzen? Am Ende einer Lerneinheit.

Künstliches Gedächtnis

Art: Gedächtnistraining.

Beteiligte: Die ganze Gruppe.

Ziel: Assoziationen zwischen Raum und Bildern ermöglichen ein leichteres Erinnern.

Dauer: Eine Stunde.

Wir brauchen dazu: Keine Hilfsmittel.

Wie geht es? Beispiel mag hier der normale Einkaufszettel einer Familie sein. Alles, was Sie einkaufen wollen, bringen Sie in Ihrer Phantasie in Ihrem Büro unter, z.B.:

Fehlt Ihnen Zahnpasta? Stellen Sie sich vor, Sie schrauben den Deckel der neuen Tube auf und legen sie unter die Schreibauflage des Schreibtisches, wo es sicher eine große Schweinerei gibt, sobald jemand dort anfängt zu arbeiten.

Fehlt Ihnen Butter? Dann stellen Sie sich vor, Sie legen ein ganzes Pfund auf die heiße Platte der Kaffeemaschine. Dort schmilzt die Butter natürlich und läuft davon.

Besondere Hinweise: Je verrückter, komischer oder sogar vulgärer Ihre Bilder sind, desto besser erinnern Sie sich beim Einkauf, wenn Sie noch einmal im Geiste durch Ihr Büro gehen und all die entstandenen Unmöglichkeiten vor sich sehen.
Wenn Sie die Einkäufe erledigt haben und im Hause die Dinge verstauen, stellen Sie sich gleichzeitig vor, wie Sie das Büro wieder aufräumen und säubern. Also, wenn Sie die Butter in den Kühlschrank legen, entfernen Sie in der Phantasie die Reste der geschmolzenen Butter mit einem Lappen von der Kaffeemaschine. Wenn Sie die Zahnpasta ins Bad legen, entfernen Sie die Spuren auf dem Schreibtisch, usw.

Lernen lernen

Art: Ruhige Übung.

Beteiligte: Die ganze Gruppe.

Ziel: Bewußtmachen der Schwierigkeit, andersrum zu denken. Akzeptanz neuer Lerntechniken und Denkansätze.

Dauer: Zehn Minuten.

Wir brauchen dazu: Keine weiteren Utensilien.

Wie geht es? Wir haben das Alphabet von A bis Z auswendig gelernt und können es von A bis Z auch schnell auswendig hersagen. Da wir nur eine Richtung gelernt haben, fällt uns die andere Richtung besonders schwer, also das Alphabet von Z nach A aufzusagen. Probieren Sie es einmal!

Variation 1: Der Trainer sagt einen Buchstaben, und die Gruppe sagt gemeinsam den nachfolgenden Buchstaben. Hiervon macht man fünf bis sechs Beispiele.

Variation 2: Dann wechselt die Aufgabe: Die Gruppe soll den Buchstaben gemeinsam sagen, der vor dem Buchstaben kommt, den der Trainer dann nennt.

Variation 3: Wie lautet die dritte Zeile der Nationalhymne?

Besondere Hinweise: Die Gruppe erkennt, wie schwer das ist bzw. daß dies kaum möglich ist, weil wir gelernt haben, in Einbahnstraßen zu denken. So wie ich es gewohnt bin zu lernen, so denke ich jetzt und auch in der Zukunft. Es sei denn, ich beginne, mir neue Lerntechniken anzueignen, damit ich morgen anders denken kann.

Kreativspiele

5

Erinnern und Vergessen

Edmund Bolles hat eine der umfassendsten Untersuchungen über das Gedächtnis durchgeführt und darüber berichtet, daß das Gedächtnis ein kreativer, aufbauender Akt ist. Das Sicherinnern ist, so schreibt er, »ein lebendiges Produkt von Wünschen, Aufmerksamkeit, Einsicht und Bewußtsein.« Der Mensch habe nicht ein gutes Gedächtnis als passives Talent, sondern »wir kommen der Sache näher, wenn wir sagen, daß jemand ein guter ›Erinnerer‹ sei. Gutes Erinnern ist wie gutes Laufen oder gutes Spielen. Es ist nichts für faule oder ängstliche Menschen«. Unsere Gefühle wecken die Aufmerksamkeit, und dann führt unsere Aufmerksamkeit, verbunden mit unserer Erfahrung, zum Verständnis, das uns hilft, uns an etwas zu erinnern.

»Wir erinnern uns an das, was wir verstehen; wir verstehen aber nur das, worauf wir unsere Aufmerksamkeit lenken, und wir lenken unsere Aufmerksamkeit auf das, was wir wollen. Diese ›Kette‹ ermöglicht uns Erinnerung.« (Edmund Bolles)

Gordon Bower fand bei seinen Forschungen heraus, daß es ein »von der Laune abhängiges Gedächtnis« gibt. James Laid stellte bei seinen Untersuchungen einen engen Zusammenhang zwischen Emotionen und Gedächtnis fest. Wenn wir also spielerisch, theatralisch, mit Mimik, Lächeln, Stirnrunzeln, dem Gesichtsausdruck von Wut oder Trauer lesen und lernen, dann erhöht das den Genauigkeitsgrad der Erinnerung.

Wir können also unsere Gefühle als Gedächtnisstütze einsetzen. Und was bietet sich da mehr an als ein Lächeln oder ein Stirnrunzeln, denn der wichtigste Punkt ist die Aufmerksamkeit, die wir schenken.

An welche Dinge erinnern wir uns am leichtesten?

Amerikanische Forschungsteams fanden heraus, daß »Reichhaltigkeit« ein Schlüssel zum Lernerfolg sei. Dieses reichhaltige Angebot darf nicht chaotisch sein, sonst werden die Sinne überladen und dadurch verwirrt. Ein »reichhaltiges« Erlebnis ist eines, bei dem viel passiert, aber alles harmonisch abläuft.

Je tiefer wir uns also in ein Thema hineinversetzen, auch durch Spiel, Darstellung, Gefühle, desto mehr nehmen wir aus einem Seminar oder einer

Weiterbildung mit, desto erfolgreicher ist die Sache. Nüchternheit und Kargheit erschweren die Erinnerung.

Erfolgreiche Lernprogramme bestehen demnach aus Kreativität und Spiel: Phantasie, Musik, Metaphorik, Poesie, Bild und Farbe. Im Mittelpunkt steht mehr und mehr der Lernende, und je mehr sich unser Verständnis von Lernen, von Intelligenz und Erinnerungsvermögen entwickelt, desto kreativere Lehrmethoden sind gefragt und desto mehr tritt die Allwissenheit des Lehrers in den Hintergrund.

David Meier, der Direktor des Center for Accelerated Learning in Lake Geneva (Wisconsin), ist der Ansicht, daß »es kein Gerät gibt, sei es auch noch so raffiniert, das sich mit der Kraft, der Flexibilität und der Leichtigkeit der menschlichen Vorstellungskraft messen kann. Wir alle tragen die beste, alle Sinne einbeziehende Lernmaschine der Welt im Kopf. Und wenn innerlich geformte Bilder den äußerlich (in der Lernumgebung) erzeugten überlegen sind, so müssen wir Vorstellungsbildern dieselbe Aufmerksamkeit widmen wie computergestützten, audiovisuellen Lernprogrammen.«

In einem Interview betonte David Meier, daß zu den vielen Methoden, die am Center for Accelerated Learning angewendet werden, eine entspannte, entspannende Atmosphäre, intensive Beteiligung, Musik, Spiele, Rollenspiel, Lieder, Gruppenprojekte, positive Suggestionen und viel Humor gehören. Alle diese Bestandteile der Arbeit beeinflußten sich gegenseitig, und es sei schwer, zu sagen, welches der Hauptbestandteil sei.

Nach Meiers Philosophie sollte »das Lernen natürlich sein, wie bei einem Kind; sollte es Spiel sein und nicht Strafe. Es sollte die gesamte Natur des Menschen ansprechen, nicht nur das engstirnige Denken, das wir als Erwachsene mit uns herumschleppen.«

Moon Dance, das magische Geschichtenspiel

Art: Eine »multisensophantasmocreatimaginative« Erfahrung.

Beteiligte: Die ganze Gruppe, maximal 20 Personen.

Ziel: Eine Geschichte schreiben und sich dabei Herausforderungen stellen und neue Erfahrungen machen im Bereich der Vorstellungskraft, offen sein für den Lernzuwachs durch Erschließen der eigenen Ressourcen.

Dauer: Zwei Stunden oder mehr.

Wir brauchen dazu: Das Spiel Moon Dance, einen Cassettenrecorder.

Wie geht es? Das darf ich hier nicht verraten, aber es wird genau im Spiel beschrieben, und ich finde das Spiel großartig.

Wann einsetzen? Dieses Spiel ist besonders für Workshops zur Kreativität, für Fortbildungen in Suggestopädie und Sprachtrainings geeignet, aber auch eine wunderbare Abendunterhaltung.

Wann einsetzen? Zum Visualisieren, zu Kreativworkshops, am Abend.

Besondere Hinweise: Sie können dieses Spiel beziehen bei: F. Gebhard/R. Molzahn, Heddesheimer Weg 6a, 69253 Heiligkreuzsteinach, Fax: 06220/7061.

Anzeigen aufgeben

Art: Kreatives Schreibspiel.

Beteiligte: Die ganze Gruppe.

Ziel: Üben der Kreativität.

Dauer: Eine Stunde.

Wir brauchen dazu: Pro Spieler einen Zettel.

Wie geht es? Jeder Spieler schreibt einen Namen oder Gegenstand oben auf seinen Zettel, knickt den Zettel um und gibt ihn an den nächsten Spieler weiter. Jetzt schreibt jeder eine genaue Beschreibung seines ausgedachten Gegenstandes oder Namens darunter. Wieder umfalten und weitergeben. Jetzt fügt jeder Angaben dazu, was mit diesem Menschen oder Gegenstand geschehen soll. Hier ein Beispiel:

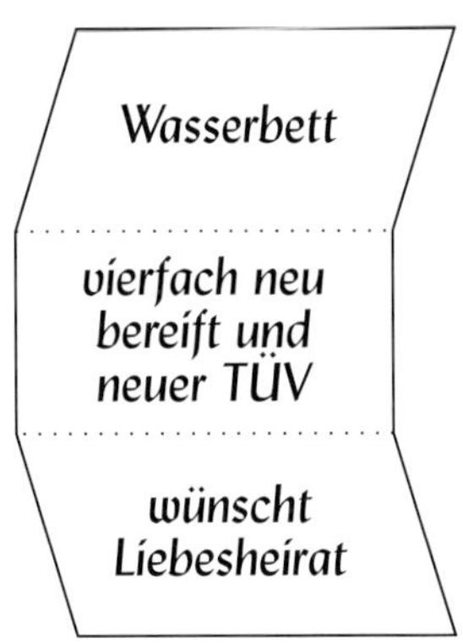

Besondere Hinweise: Gut ist es, wenn der Trainer die für die Antworten wichtigen Vorgaben als Stichworte ans Flipchart schreibt. Besonders witzig wird es mit Wörtern aus dem Arbeitsumfeld.

Wann einsetzen? Nach der Pause oder am Abend.

Den eigenen Schweinehund besiegen

Art: Metaphern finden.

Beteiligte: Jeder für sich.

Ziel: Jeder Mensch hat immer wieder mit irgend etwas Schwierigkeiten. Wir suchen Metaphern, die uns Kraft verleihen, dies zu ändern.

Dauer: Eine Stunde.

Wir brauchen dazu: Nur Papier zum Aufschreiben der Antworten auf folgende Fragen:

Wie geht es?

- Welche Schwierigkeit haben Sie momentan?
- Denken Sie sich jetzt ein Tier, dem Sie in Ihrem Kampf gegen die Schwierigkeiten ähnlich sind. Ähneln Sie dabei einem unruhigen Löwen oder einem fliehenden Reh?
- Denken Sie jetzt an eine Gestalt aus der Sagenwelt, der Literatur oder dem Sport, die Ihnen hilft. Ist das Odysseus, der mit dem Riesen kämpft, oder der Glöckner von Notre-Dame oder der weltbeste Hundertmeterläufer?
- Zuletzt wählen Sie eine Figur aus, die Sie am anziehendsten finden, die Sie fasziniert. Erfinden Sie jetzt eine Geschichte, in der diese Figur für Sie gegen Ihre Schwierigkeit kämpft und siegt. Ob diese Geschichte realistisch ist oder nicht, spielt keine Rolle. Lassen Sie Ihrer Phantasie freien Lauf. Wahrscheinlich hatte die gewählte Figur einige wichtige Hilfsmittel und Tricks, um Ihr Problem zu lösen. Überlegen Sie, ob Sie aus diesen Handlungen etwas lernen oder in die Realität übernehmen können. Können Sie mit dieser Hilfe dieselben Ergebnisse erzielen? Vielleicht schaffen Sie so den kreativen Durchbruch in Ihrem Leben.

Namenssatz

Art: Schreibspiel.

Beteiligte: Entweder die ganze Gruppe oder Kleingruppen mit drei Spielern.

Ziel: Aus den Buchstaben des Namens sollen Wörter und mit diesen Wörtern ein sinnvoller Satz gebildet werden.

Dauer: 30 Minuten.

Wir brauchen dazu: Pro Spieler ein Blatt Papier.

Wie geht es? Jeder Mitspieler schreibt die Buchstaben seines Vor- und Familiennamens untereinander in Druckbuchstaben auf sein Papier. Nun wird mit jedem der Buchstaben ein Wort gebildet, so daß Wort für Wort ein sinnvoller Satz entsteht. Zum Beispiel:

G = GESTERN
U = UND
D = DIENSTAG
R = RANNTE
U = UWE
N = NICHT usw.

Besondere Hinweise: Je schwieriger die Buchstabenfolge ist, desto größer ist die Herausforderung.

W-Fragen

Art: Kreatives Schreibspiel.

Beteiligte: Die ganze Gruppe.

Ziel: W-Fragen und Antworten darauf üben.

Dauer: Eine Stunde.

Wir brauchen dazu: Die Fragewörter: WER? WAS? WIE? WANN? WO?

Wie geht es? Die Fragewörter werden ans Flipchart geschrieben oder angesagt. Jeder Spieler hat einen Zettel, auf den er zuerst den Namen eines Mitspielers schreibt (wer?). Er faltet den Zettel um, gibt ihn seinem Nachbarn, der die Frage, die er nicht kennt, beantwortet, indem er dazuschreibt, was der Mensch tut (z.B.: lachen, schlafen, tauchen usw.). Wieder falten, weitergeben und ein Eigenschaftswort (Adjektiv) dazufügen, z.B.: schnarchend, glatt, bösartig usw. Wieder falten und weitergeben. Jetzt wird die Frage wann beantwortet (z.B.: 3mal täglich, immer an Weihnachten, zwischen zwei und drei usw.). Zuletzt folgt die Antwort auf die Frage wo (z.B.: im Indischen Ozean, auf dem Vesuv, im Gartenhäuschen usw.).
Wenn alle Fragen beantwortet sind, werden die Zettel aufgefaltet und die Sätze vorgelesen.

Besondere Hinweise: Beim Vorlesen können die Sätze mit den richtigen Worten verknüpft werden.

Wann einsetzen? Als Lernspiel auch mit speziellem Wortschatz oder am Abend zum Spaß.

Kritzelkunst

Art: Kreativspiel ohne Worte.

Beteiligte: Jeder alleine oder kleine Gruppen zu drei Spielern.

Ziel: Aus einem totalen Wirrwarr Bilder gestalten.

Dauer: 30 Minuten.

Wir brauchen dazu: Pro Spieler ein Blatt Papier oder pro Gruppe ein Flipchart-Blatt und bunte Stifte.

Wie geht es? Auf das Blatt zuerst einen Rahmen zeichnen. In diesen Rahmen in einem Strich ohne abzusetzen ein großes Liniengewirr ziehen. Wenn Sie oder die Gruppe damit zufrieden sind, sehen Sie sich das Durcheinander genau an und finden Sie darin Figuren, die Sie durch farbiges Ausmalen oder Schraffieren der Flächen sichtbar werden lassen.

Besondere Hinweise: Am besten einen schwarzen Stift für das Gewirrzeichnen und Buntstifte für die Flächen nehmen.

Träume malen

Art: Visualisierungsübung.

Beteiligte: Die ganze Gruppe.

Ziel: Ausdruck ohne Worte.

Dauer: 30 Minuten.

Wir brauchen dazu: Papier und Buntstifte oder Wasserfarben.

Wie geht es? Zeichnen oder malen Sie einen Traum, anstatt ihn mit Worten zu schildern. Malen Sie einen wirklichen Traum, den Sie geträumt haben, oder einen Wunschtraum, den Sie haben.

Besondere Hinweise: Das hilft, beim Visuellen zu bleiben und nicht ins Verbale zu fliehen.

Wann einsetzen? Als Vorübung zur Zielvisualisierung.

Konzentration

6

Atemtechnik

Diese Atemtechniken sollten Sie einmal ausprobieren:

- Atmen Sie immer durch die Nase ein.
- Füllen Sie zuerst den Bauch mit Luft.
- Dann füllen Sie die Lungenflügel. Dabei weitet sich der Brustkorb, und auch die Lungenspitzen füllen sich mit Luft.
- Halten Sie dabei diesen Rhythmus ein:
  sechs Sekunden einatmen,
  drei Sekunden die Luft halten,
  sechs Sekunden ausatmen,
  drei Sekunden Pause.
- Wiederholen Sie diese Übung zehnmal.

Übung 1

1. Legen Sie sich auf den Rücken, oder setzen Sie sich bequem hin. Wenn Sie sich für das Sitzen entscheiden, achten Sie auf einen geraden Rücken. Lassen Sie die Schultern ein wenig hängen.
2. Schließen Sie die Augen, wenn Sie möchten.
3. Richten Sie die Aufmerksamkeit auf die Bauchdecke. Spüren Sie, wie sie sich beim Einatmen hebt und beim Ausatmen senkt.
4. Bleiben Sie bei der Atmung; Atemzug um Atemzug, als würden Sie auf den Wellen des Atems reiten.
5. Wenn Sie merken, daß die Gedanken sich verselbständigen wollen, stellen Sie fest, wovon Sie abgelenkt werden, dann kehren Sie zur Bauchatmung zurück.
6. Auch wenn die Gedanken unzählige Male vom Atmen abschweifen, bringen Sie sie ebensooft zurück, ohne sich zu ärgern, ohne ungeduldig zu werden.
7. Üben Sie dies täglich eine Viertelstunde, eine Woche lang, ob Sie nun Lust dazu haben oder nicht. Beobachten Sie, wie es sich anfühlt, jeden Tag für eine kurze Zeit einfach nur zu atmen und zu sein, ohne etwas anderes zu tun.

Übung 2

1. Stimmen Sie sich mehrmals täglich zu verschiedenen Zeiten auf den Atem ein, indem Sie sich ganz bewußt ein- oder zweimal das Heben und Senken der Bauchdecke vergegenwärtigen.
2. Werden Sie sich der Gedanken und Gefühle bewußt, die währenddessen auftreten, ohne sie weiter zu verfolgen oder zu bewerten.
3. Werden Sie sich gleichzeitig gedanklicher oder emotionaler Veränderungen bewußt, zum Beispiel neuer Gedankenimpulse oder daß Sie mit Emotionen anders umgehen als bisher und dergleichen mehr.

Brain Gym

Der menschliche Körper ist eines der komplexesten unter allen elektrischen Systemen, und alles, was an visuellen, auditiven oder kinästhetischen Informationen von uns aufgenommen wird, läuft als elektrisches Signal entlang den Nervenfasern zum Gehirn.

Das Gehirn sendet die entsprechenden Signale wieder über die Nervenfasern zurück zu den visuellen, auditiven und muskulären Systemen, die dann reagieren. Das alles geht mit Geschwindigkeiten von bis 400 km/h.

Die Chinesen haben bereits vor 4000 Jahren über die Meridiane, die wie elektromagnetische Flüsse den Körper durchfließen, geschrieben.

In der Akupunktur z.B. nutzen wir dieses uralte Wissen. Oft wird der natürliche Fluß im Körper blockiert oder ausgeschaltet und dadurch die Kommunikation zwischen Gehirn und Körper behindert oder unterbrochen.

Die Energieübungen (Brain Gym, siehe Seite 153–158) der Edukinestetik integrieren linke und rechte Gehirnhälfte, lösen Blockierungen und aktivieren die Nervenverbindungen zwischen Körper und Gehirn.

Die Namen der Energieübungen stammen von Dr. Paul Dennison, der seit über 20 Jahren auf diesem Gebiet arbeitet und lehrt.

Den Atem beobachten (Zen-Atmung)

Art: Entspannung/ruhige Übung.

Beteiligte: Alle.

Ziel: Entspannung, Ruhe finden, Wahrnehmen des eigenen Körpers und seiner Atemfunktion.

Dauer: Fünf Minuten.

Wir brauchen dazu: Keine zusätzlichen Materialien.

Wie geht es? Aufrecht auf einen Stuhl setzen.

- Denken Sie »EIN« während des Einatmens und »AUS« während des Ausatmens.
- Folgen Sie Ihrem Atem, lassen Sie ihn schneller oder langsamer werden, wie er selbst es will.
- Ihre Gedanken kommen und gehen, lassen Sie sie ziehen, aber bringen Sie Ihre Aufmerksamkeit immer wieder auf das Ein- und Ausatmen zurück. Beobachten Sie weiterhin das Ein- und Ausatmen ...

Wann einsetzen? Vor Beginn der eigentlichen Seminararbeit.

Hauch des Lebens

Art: Konzentrationsübung.

Beteiligte: Alle Seminarteilnehmer machen mit.

Ziel: Schenkt Ruhe, weckt Gefühle, entwickelt das Zusammengehörigkeitsgefühl, läßt alle ankommen.

Dauer: 15 Minuten.

Wir brauchen dazu: Teppichboden im Raum oder Decken.

Wie geht es? Die Teilnehmer liegen so auf dem Boden, daß die Köpfe in der Mitte einen Kreis bilden. Zuerst entspannen sich alle und gleichen dann den eigenen Atem dem Atmen des Nebenmannes an. Der Trainer kann zum Ändern des Atmens anregen, z.B.: leiser, schneller, stoßweise etc.

Besondere Hinweise: Öffnen Sie die Fenster weit!

Wann einsetzen?

- Nicht am ersten Seminartag.
- In der Anfangsphase der folgenden Tage.
- Als Entspannungsübung.

Achtung! Nicht zu tief atmen! Manchen Menschen wird es schwindelig. Es besteht die Gefahr des Hyperventilierens.

Bewußtes Atmen

Art: Konzentrationsübung.

Beteiligte: Die ganze Gruppe.

Ziel: Entspannung, Konzentration, Energiezuwachs.

Dauer: Fünf Minuten mit Erklärung.

Wir brauchen dazu: Eventuell Teppichboden.

Wie geht es? Atmen sie immer durch die Nase ein.
Weiten Sie zuerst den Bauch. Atmen Sie tief in den Bauch!
Füllen Sie die Lunge, atmen Sie bis in die Lungenspitzen, weiten Sie den Brustkorb.
Atmen Sie sechs Sekunden ein – halten Sie die Luft drei Sekunden an – atmen Sie sechs Sekunden wieder aus.

Besondere Hinweise: Bei der normalerweise unbewußten Atmung füllt sich die Lunge des Erwachsenen mit ca. 1/2 Liter Luft. Wenn wir aber bewußt atmen, holen wir bis zu 2 Liter Luft mit einem Atemzug in uns herein. Je kräftiger wir einatmen, desto mehr Luft, und damit lebensnotwendiger Sauerstoff, füllt die Lunge. Je mehr Sauerstoff wir einatmen, desto mehr Energie erzeugen unsere Körperzellen. Gleichzeitig löst das bewußte Atmen Streß, es entspannt und beruhigt uns.

Wann einsetzen? Vor konzentrierter Arbeit.

Achtung! Viele Menschen atmen nicht richtig. Ihre Atmung ist zu flach, zu hoch. Sie müssen erst üben, tiefer in den Bauch zu atmen und auch vollständig wieder auszuatmen.

Rhythmus des Lebens

Art: Atemübung.

Beteiligte: Die ganze Gruppe.

Ziel: Bewußtes Atmen, Ruhe finden.

Dauer: Zehn Minuten.

Wir brauchen dazu: Eventuell Teppichboden oder Decken zum Liegen.

Wie geht es? Atmen Sie sechs Pulsschläge lang ein, halten Sie die Luft jetzt drei Pulsschläge lang und atmen Sie dann mit einem hörbaren »Uuuuh« aus. Drei Pulsschläge Pause machen, dann wieder langsam einatmen.
Zehnmal wiederholen.

Besondere Hinweise: Machen Sie diese Übung mit geschlossenen Augen, und denken Sie sich das Bild einer ruhigen, gleichmäßigen Bewegung, wie etwa: Große, weiße Sommerwolken ziehen ruhig am Himmel; rollende Meereswogen rauschen auf den Strand; der Wind bewegt sanft die Äste und Blätter der Bäume.

Wann einsetzen? Besonders gut zur Entspannung geeignet.

Die Tür zur Vorstellung

Art: Visualisierungsübung.

Beteiligte: Die ganze Gruppe.

Ziel: Durch bildliche Vorstellung die visuelle Wahrnehmung erleichtern und verstärken.

Dauer: 15 Minuten oder so viel Zeit, wie Ihnen angenehm ist.

Wir brauchen dazu: Nur einen bequemen Stuhl und leise Entspannungsmusik.

Wie geht es? Setzen Sie sich bequem, lehnen Sie den Rücken an, stellen Sie die Füße nebeneinander auf den Boden. So haben Sie festen Halt. Schließen Sie die Augen, und entspannen Sie sich ein paar Minuten, atmen Sie ruhig, tief und gleichmäßig. Achten Sie auf das Einatmen und das Ausatmen. Finden Sie Ruhe in sich. Denken Sie jetzt an eine geöffnete Tür, durch die Sie oft gehen, etwa die Tür zu Ihrem Haus oder Garten. Können Sie die Tür sehen? Wie sieht sie aus? Glatt oder rauh, aus Holz, Metall oder Glas? Groß oder klein? Wie ist der Türgriff? Denken Sie jetzt, daß Sie diese Tür öffnen und durch sie hindurchgehen. Was sehen Sie hinter der Tür? Stellen Sie sich Ihren Lieblingsplatz vor an einem wunderschönen Ort. Sie sitzen dort und schauen sich mit Ihrem inneren Auge um, nach unten, nach rechts, nach links, nach oben und ins Weite. Achten Sie auf alles, was es zu sehen gibt, und genießen Sie diesen schönen Ort, so lange Sie möchten.

Visuelles Erinnern I

Art: Erschaffen eines Vorstellungsbildes.

Beteiligte: Die ganze Gruppe.

Ziel: Erfolg haben durch Zielvisualisierung.

Dauer: 15 Minuten oder so lange, wie Ihnen angenehm ist.

Wir brauchen dazu: Nur einen bequemen Stuhl und vielleicht leise Entspannungsmusik.

Wie geht es? Setzen Sie sich bequem, lehnen Sie den Rücken an, stellen Sie die Füße nebeneinander auf den Boden. So haben Sie festen Halt. Schließen Sie die Augen, und entspannen Sie sich ein paar Minuten, atmen Sie ruhig, tief und gleichmäßig. Achten Sie auf das Einatmen und das Ausatmen. Finden Sie Ruhe in sich. Denken Sie jetzt an eine Zitrone. Riechen Sie die Zitrone, sehen Sie die Form und die Farbe? Fühlen Sie die Schale, schmecken Sie die Säure?

Besondere Hinweise: Ist das Bild erst einmal geschaffen, kann es die gleiche Wirkung haben wie das reale Ding selbst. Den Beweis liefert die Zitrone. Sicher hat Ihr Mund sehr viel Speichel produziert, während Sie an die Zitrone dachten.

Wann einsetzen? Als erste Übung für Menschen, die nicht an die Kraft der Vorstellung glauben. Bildvorstellungen laufen nicht nur im Kopf ab, sie integrieren die Reaktion des gesamten Körpers.

Visuelles Erinnern II

Art: Visualisierungsübung.

Beteiligte: Alle Teilnehmer.

Ziel: Geschehenes zu erinnern und das Bild zurückzuholen.

Dauer: 15 Minuten.

Wir brauchen dazu: Einen Diaprojektor, ein Epidiaskop, Dias oder Bilder zum Projizieren.

Wie geht es? Stecken Sie ein Dia in den Projektor, schalten Sie das Licht an, eine Sekunde ist das Bild sichtbar; dann schalten Sie es aus. Versuchen Sie jetzt, sich das Bild in allen Einzelheiten vorzustellen, ohne es mit Worten zu beschreiben oder zu benennen.

Besondere Hinweise: Versuchen Sie, wenn das gelungen ist, sich mehrmals am Tag eine Minute lang den Gegenstand oder die Person, den Ort oder die Situation vorzustellen, die Sie am liebsten mögen.

Wann einsetzen? Im Kreativitäts- oder Motivationstraining.

Visuelles Erinnern III

Art: Konzentrationsübung.

Beteiligte: Die ganze Gruppe.

Ziel: Die Vorstellungskraft vergrößern, innere Bilder machen.

Dauer: 30 Minuten.

Wir brauchen dazu: Drei verschiedene Gegenstände, wie z.B. zwei Büroklammern, zwei Musterbeutelklammern und zwei Gummis in einem Umschlag für jede Person; Overheadprojektor.

Wie geht es? Der Trainer legt vier Teile auf den Overheadprojektor und zeigt sie kurz, dann deckt er ab, und die Teilnehmer legen die gesehenen Teile vor sich auf den Tisch. Dann steigert der Trainer auf fünf Teile, dann auf sechs Teile.

Variation 1: Der Trainer zeigt vier Teile und deckt ab. Bevor die Teilnehmer nachlegen, zählen alle laut rückwärts von 100 bis 90. Dann fünf Teile, sechs Teile.

Variation 2: Der Trainer zeigt vier Teile, deckt ab, und die Gruppe steht auf, läuft an die hintere Wand des Raumes, klatscht an die Wand, kommt wieder zum Platz und legt, was sie vorher gesehen hat.

Variation 3: Die Zeit des Zeigens kann individuell gekürzt werden. Das ganze kann auch als Partnerübung gemacht werden, ohne Overheadprojektor. Dabei sitzen sich die Partner gegenüber, und einer legt hinter einem Buch oder Blatt die Teile aus und zeigt sie seinem Partner kurz, bevor der sie nachlegt.

Variation 4: Das ganze kann auch als Autonummernspiel gemacht werden: Es werden Autokennzeichen projiziert.

Besondere Hinweise: Überprüfen Sie, welche Übungen Ihnen leichter, welche schwerer fallen, wie Sie mehr und besser behalten können. Der Sportler visualisiert seinen Erfolg: der Fußballer den Schuß auf das Tor, der Skiläufer die Piste und die Tore usw.

Bilder bilden

Art: Nonverbales Spiel, Visualisierungsübung.

Beteiligte: Die ganze Gruppe.

Ziel: Die Möglichkeiten der Vorstellungskraft erkennen und trainieren.

Dauer: 20 Minuten.

Wir brauchen dazu: Kalenderbilder, Poster oder Bildkarten.

Wie geht es? Die Bilder liegen auf dem Boden in der Mitte des Kreises. Jeder Teilnehmer wählt sich ein Bild aus und betrachtet einen Ausschnitt dieses Bildes ca. fünf bis zehn Sekunden ganz genau. Dann schließt er die Augen und läßt das Bild vor dem geistigen Auge wieder entstehen, das dauert auch ca. fünf bis zehn Sekunden. Dann öffnen alle die Augen und schauen wieder das wirkliche Bild an. Nun wieder die Augen schließen und das Bild entstehen lassen. Insgesamt dreimal üben.

Besondere Hinweise: Erzwingen Sie bei dieser Übung nichts, je entspannter Sie sind, desto leichter gelingt es Ihnen, Bilder vor Ihrem inneren Auge entstehen zu lassen.

Gehirnknöpfe rubbeln

Art: Brain Gym.

Beteiligte: Alle Teilnehmer.

Ziel: Integration der beiden Hemisphären des Gehirns.

Dauer: Fünf Minuten.

Wir brauchen dazu: Leise Musik.

Wie geht es? Wir stehen und legen die rechte Hand auf den Nabel, mit dem linken Daumen und Mittelfinger rubbeln wir die Punkte unterhalb des Schlüsselbeins. Dann mit der rechten Hand rubbeln, linke Hand auf den Nabel.

Besondere Hinweise: Während Sie das tun, kann Ihre Nase die liegende Acht (siehe Seite 154) an die Decke malen oder wie einen Schmetterling schweben lassen.

Wann einsetzen? Bevor wir unsere Augen anstrengen bzw. viel lesen müssen.

Die liegende Acht ∞

Art: Brain Gym.

Beteiligte: Alle Teilnehmer.

Ziel: So machen wir uns bereit, mit beiden Hirnhälften zu lernen.

Dauer: Fünf Minuten.

Wir brauchen dazu: Leise Musik.

Wie geht es? Stehen Sie locker, heben Sie den linken Arm in Augenhöhe, zeigen Sie mit der Hand nach vorn. Nun beschreiben Sie mit der linken Hand eine liegende Acht, die Sie von der Mitte nach links oben beginnen.

Dreimal mit der linken Hand,
dreimal mit der rechten Hand und
dreimal mit beiden Händen gleichzeitig üben.
Die Augen verfolgen diese Bewegung.

Besondere Hinweise: Diese Übung ist besonders gut geeignet, wenn Sie im Anschluß viel lesen und behalten sollen.

Variation: Die Elefant-Übung:
Bequem stellen, die Knie leicht beugen, Kopf auf die linke Schulter legen und linken Arm nach vorn strecken. Mit dem Arm und dem ganzen Oberkörper eine liegende Acht in die Luft zeichnen. Dabei über die Hand in die Weite schauen. Dreimal mit dem linken Arm, dreimal mit dem rechten Arm üben.

Besondere Hinweise: Das Ohr richtig zwischen Kopf und Schulter einklemmen. Der ganze Körper geht mit, sogar die Knie federn.

Wann einsetzen? Wenn wir besser zuhören und nichts vergessen wollen.

Überkreuzbewegung

Art: Brain Gym – Edukinästhetik.

Beteiligte: Die ganze Gruppe.

Ziel: Lernblockaden lösen und dadurch beide Gehirnhälften lernbereit machen.

Dauer: Fünf Minuten.

Wir brauchen dazu: Keine Hilfsmittel, evtl. Musikbegleitung.

Wie geht es? Locker durch das Zimmer gehen, dabei tief aus dem Bauch atmen. Jetzt die Knie höher nehmen beim Gehen und mit der rechten Hand das linke Knie berühren, dann mit der linken das rechte Knie, die nicht kreuzende Hand schwingt weit nach hinten.

Wann einsetzen? Wenn eine gute Lernausgangsbasis geschaffen werden soll.

Variation 1: Wie vorher, aber Knie mit Ellbogen berühren.

Variation 2: Wie vorher, aber hüpfen.

Double Doodle

Art: Brain Gym.

Beteiligte: Jeder, der will.

Ziel: Integration der beiden Hemisphären.

Dauer: Fünf Minuten.

Wir brauchen dazu: Ein Blatt Papier und einen Stift in jeder Hand.

Wie geht es? Mit beiden Händen zeichnen Sie gleichzeitig eine symmetrische Figur auf das Papier. Das heißt: Wenn die linke Hand nach links oben zeichnet, dann zeichnet die rechte Hand nach rechts oben, sobald die linke nach rechts unten zeichnet, zeichnet die rechte nach links unten usw.

Besondere Hinweise: Dabei entstehen die fantasievollsten Formen.

Wann einsetzen? Zur Entspannung, zur besseren Zusammenarbeit der beiden Gehirnhälften.

Cook-Übung

Art: Brain Gym.

Beteiligte: Alle Teilnehmer.

Ziel: Diese Übung heitert auf und schenkt eine positive Einstellung.

Dauer: Fünf Minuten.

Wir brauchen dazu: Einen Stuhl, auf dem wir sitzen.

Wie geht es? *Teil 1 der Übung:* Legen Sie den linken Knöchel über Ihr rechtes Knie. Dann umfassen Sie den linken Knöchel mit der rechten Hand und legen die linke Hand über den linken Fußballen. Eine Minute so sitzen bleiben, die Augen sind geschlossen; tief durchatmen, die Zunge liegt am Gaumen.

Teil 2 der Übung: Sie sitzen auf dem Stuhl und stellen beide Füße auf den Boden, die Knie sind ca. 50 cm auseinander. Legen Sie die Unterarme auf die Oberschenkel und berühren Sie mit den Fingerspitzen der rechten Hand die Fingerspitzen der linken Hand. So eine Minute sitzen bleiben und mit geschlossenen Augen tief atmen.

Besondere Hinweise: Wenn Sie bequemer sitzen mit dem rechten Knöchel auf dem linken Knie, dann machen Sie die Übung auf diese Art.

Wann einsetzen? Wenn wir mieser Laune sind, ist diese Übung genau richtig.

Integration der Hemisphären

Art: Brain Gym.

Beteiligte: Alle Teilnehmer.

Ziel: Lernbereitschaft und Aufnahmefähigkeit steigern.

Dauer: Zehn Minuten.

Wir brauchen dazu: Musik für die Überkreuzbewegungen. Cassette vorbereiten.

Wie geht es? Zuerst die Gehirnknöpfe rubbeln (siehe Seite 153). Dann sechs Überkreuzbewegungen machen (siehe Seite 155) und dabei die Musik mitsummen. Danach sechs Parallelbewegungen (die linke Hand berührt beim Gehen oder Hüpfen das linke Knie, die rechte Hand das rechte Knie). Dabei zählen wir die Bewegungen im Geist mit (keine Musik!). Abschließen mit Musik und sechs Überkreuzbewegungen, bei denen wir mitsummen.

Wann einsetzen? Vor intensiver Lesearbeit. Diese Tätigkeit strengt uns dann viel weniger an, und wir können schneller lesen.

Hör zu und schätze!

Art: Stilles Spiel.

Beteiligte: Die ganze Gruppe oder Kleingruppen mit je fünf Spielern.

Ziel: Schärfen der Wahrnehmung.

Dauer: Zehn Minuten.

Wir brauchen dazu: Je Gruppe eine Schachtel mit Streichhölzern.

Wie geht es? Die Spieler lassen in ihrer Gruppe eine Streichholzschachtel mit z.B. 20 Hölzchen herumgehen. Jeder gibt nach einigem Schütteln einen Tip ab, wie viele Hölzchen darin sind. Wer der Zahl am nächsten kommt, bildet mit den besten Schätzern der anderen Gruppen eine Elitegruppe, die den Allerbesten ermittelt. Auch die Zweitbesten, Drittbesten usw. spielen zusammen weiter und üben die Ohren.

Besondere Hinweise: Natürlich in jeder Runde die Anzahl der Streichhölzer in den Schachteln ändern.

Wann einsetzen? Nach der Pause oder am Abend.

Sinnliches Spiel I

Art: Sanftes Spiel – draußen.

Beteiligte: Wenn möglich, alle Teilnehmer.

Ziel: Schärfen der fünf Sinne (Sehen – Hören – Riechen – Schmecken – Fühlen).

Dauer: 30 Minuten.

Wir brauchen dazu: Einen Garten oder Park, einen Waldweg o. ä.

Wie geht es? Gehen Sie alleine den Weg entlang, schauen Sie nach rechts und links, oben und unten, schauen Sie sich um. Bleiben Sie stehen, und betrachten Sie aufmerksam Wolken, Bäume, Blumen und Menschen.
Lauschen Sie mit geschlossenen Augen. Was hören Sie? Riechen Sie Wald und Wiese, den Regen? Schmecken Sie einen duftenden Apfel. Fühlen Sie eine Blüte oder den Stamm einer Eiche. Fassen Sie in einen Brunnen oder Bach, fühlen Sie Steine und Holz etc.

Besondere Hinweise: Bringen Sie etwas (z.B. einen Stein oder eine Frucht) zurück ins Seminar, und sprechen Sie kurz darüber, warum Sie dieses mitgebracht haben.

Wann einsetzen? Um Alltägliches bewußt wahrzunehmen und als Selbsterfahrung ist dieses Spiel gedacht.

Sinnliches Spiel II

Art: Sanftes Spiel – draußen.

Beteiligte: Je zwei Personen, von denen eine die Augen verbunden hat, die andere führt.

Ziel: Das Nichtsehen schärft die anderen Sinne.

Dauer: 30 Minuten.

Wir brauchen dazu: Einen Garten oder Park zum gefahrlosen Gehen.

Wie geht es? Die beiden Partner einigen sich darüber, wer »blind« gehen möchte und wer den »Blinden« führt. Der »Sehende« verbindet dem »Blinden« die Augen und führt ihn den Weg entlang, zu einem Baum, an den Brunnen etc. und führt die Hände zu interessanten Dingen.

Besondere Hinweise: Bitte nicht oder nur das Nötigste dabei reden.

Achtung! Dic Partner müssen sich vertrauensvoll aufeinander einlassen. Keine üblen Scherze zulassen.

Hör gut hin!

Art: Konzentrationsübung.

Beteiligte: Alle Gruppenteilnehmer (Kleingruppenbildung mit je zwei, drei oder mehr Personen).

Ziel: Schärfung der Wahrnehmung.

Dauer: Zehn Minuten.

Wir brauchen dazu: Gleichartige Filmrollendöschen, von denen je zwei, drei oder mehr mit gleichen Dingen (z.B. Reiskörnern, Sand, Zucker, Stöckchen etc.) gefüllt sind.

Wie geht es? Der Trainer hat die Döschen gefüllt und präsentiert sie auf einem Tablett. Jeder Teilnehmer nimmt eine Dose und schüttelt sie, um zu hören, wie das klingt. Jetzt geht er bei den anderen Teilnehmern auf die Suche nach dem gleichen Klang. Haben sich Teilnehmer mit gleich klingenden Dosen gefunden, gehören sie zur selben Gruppe.

Besondere Hinweise: Das ist auch ein geeignetes Partyspiel, wenn es darum geht, Paare zu bilden.

Wann einsetzen?

- Anfangssituation, um zwei Personen zum Interview zusammenzuführen.
- Zur Bildung von Kleingruppen.
- Als Konzentrationsübung.
- Schulung des Ohres/des Hörens.

Achtung! Die Dosen unbedingt sorgfältig füllen.

Spieglein, Spieglein ...

Art: Nonverbale Übung.

Beteiligte: Je zwei Teilnehmer bilden ein Paar.

Ziel: Empathietraining, Gefühle und Bewegung wahrnehmen und ausdrücken.

Dauer: 15 Minuten.

Wir brauchen dazu: Keine Hilfsmittel.

Wie geht es? Die Teilnehmer bilden Paare; eine Person ist A , die andere B. Jetzt beginnt A sich zu bewegen oder Gefühle auszudrücken, und B spiegelt, was er wahrnimmt. Dann bewegt sich B, und A spiegelt ihn. Zuletzt bewegen und spiegeln sich beide gleichzeitig.

Kim-Spiele

Art: Wahrnehmungsübung.

Beteiligte: Die ganze Gruppe.

Ziel: Training der Sinne.

Dauer: 30 Minuten.

Wir brauchen dazu: Gegenstände, Gerüche, Geräusche, Dinge zum Fühlen, Nahrungsmittel.

Wie geht es? *Sehen:* Auf dem Tisch oder in der Mitte des Kreises auf dem Boden liegen viele verschiedene Gegenstände, die mit einem Tuch verdeckt sind. Auf ein Kommando nimmt der Spielleiter das Tuch für eine Minute weg, dann bedeckt er die Gegenstände wieder. Jeder notiert alles, was er gesehen hat.

Hören: Der Spielleiter spielt die verschiedensten Geräusche auf einer Kassette vor. Die Mitspieler notieren die Geräusche, die sie erkennen.

Schmecken: Drei Personen lassen sich die Augen verbinden. Sie sollen die Speisen identifizieren, die man ihnen nacheinander in den Mund gibt.

Riechen: Die Spieler identifizieren Gerüche, die sie vor die Nase gehalten bekommen.

Fühlen: Auf einem Tablett stehen oder liegen Gegenstände, die mit einem Tuch zugedeckt sind. Die Spieler dürfen sie mit den Händen erfühlen.

Tasten: Alle Mitspieler sitzen um einen Tisch und strecken die Hände unter die Tischplatte. Der Spielleiter/Trainer gibt gut vorbereitete Gegenstände unter dem Tisch weiter. Es eignen sich z.B.: ein nasser Schwamm, ein Eiswürfel, eine Schlange/Wurm aus Knetmasse, eine Distel, eine Brennessel. Wer das Ding fallen läßt oder schreit, zahlt Pfand. Sind alle Gegenstände einmal herumgewandert, schreibt jeder auf, was er gefühlt hat. Dann enthüllt der Spielleiter die Gegenstände.

Wann einsetzen? Nach einer Pause.

Was hat sich verändert?

Art: Visuelle Wahrnehmung.

Beteiligte: Die ganze Gruppe, in zwei Hälften geteilt.

Ziel: Üben genauen Beobachtens.

Dauer: Zehn Minuten.

Wir brauchen dazu: Eine Stoppuhr.

Wie geht es? Die beiden Gruppen stehen sich gegenüber. Jeder hat nun eine Minute Zeit, seinen gegenüberstehenden Partner genau zu betrachten und sich dessen Aussehen einzuprägen. Ist die Zeit abgelaufen, drehen sich alle Spieler um 180°, und jeder verändert drei Dinge an seinem Äußeren. Ist das geschehen, machen alle wieder kehrt und suchen die Veränderungen am Partner. Dazu steht wieder eine Minute Zeit zur Verfügung.

Besondere Hinweise: Dabei nicht sprechen, bevor der Zeitnehmer das Spiel beendet hat. Dann dürfen sich die Spielpartner austauschen.

Wann einsetzen? Interessant ist es, zu analysieren, welche Veränderungen jeder an sich vorgenommen hat und wie schnell oder langsam sie erkannt wurden.

Variationen: Verändern Sie etwas an einem technischen Gerät, mit dem Sie arbeiten o.ä. In vielen Berufen kann es lebenswichtig sein, geringste Veränderungen sofort festzustellen.

Fühlspiel

Art: Sanftes Spiel.

Beteiligte: Die ganze Gruppe.

Ziel: Einander kennenlernen, Tastsinn schärfen, Zweiergruppen bilden.

Dauer: 15 Minuten.

Wir brauchen dazu: Pro Person eine Streichholzschachtel, die auf der Unterseite mit einem speziellen Material beklebt ist. Bekleben Sie jeweils zwei Schachteln mit demselben Material, z.B.: Leinenstoff, Samt, Cord, Sandpapier, Alufolie, Plastik o.ä.

Wie geht es? Alle Schachteln liegen mit der beklebten Seite nach unten auf einem Tablett oder Tisch. Jeder Seminarteilnehmer nimmt sich eine Schachtel, fühlt (nicht schauen!) und sucht jetzt die identisch beklebte Schachtel bei den anderen Teilnehmern. Wenn sich die Paare mit gleichen Schachteln gefunden haben, darf geschaut und kontrolliert werden, was auf der Rückseite ist.

Besondere Hinweise: Die Vorbereitungszeit lohnt sich.

Wann einsetzen? Auch zum Bilden von Kleingruppen geeignet.

Taub oder stumm

Art: Sanftes Spiel der Wahrnehmung.

Beteiligte: Aus der ganzen Gruppe bilden wir zwei Gruppen.

Ziel: Genaue Beobachtung des Partners.

Dauer: 30 Minuten.

Wir brauchen dazu: Keine weiteren Utensilien.

Wie geht es? Die eine Gruppe ist taub, d.h., die Teilnehmer können sprechen, aber nicht hören. Die Partner können hören, aber nicht sprechen; also müssen sie sich anders verständlich machen. Die Tauben reden jetzt auf die Stummen ein, die ihnen durch Gesten, Mimik und Bewegung antworten.

Besondere Hinweise: Wenn genug Walkmen vorhanden sind, kann die Gruppe der Tauben durch eingespielte Musik wirklich nicht hören.

Wann einsetzen? Zum Schärfen der Beobachtung und zum Stärken der gegenseitigen Rücksichtnahme.

Die Tauben, die Blinden und die Stummen

Art: Kommunikationsspiel zur Schärfung der sinnlichen Wahrnehmung.

Beteiligte: Wer möchte, entschließt sich dazu, während des Seminars einmal für eine Stunde oder einen Vormittag blind oder taub oder stumm zu sein. Wer möchte, probiert alles nacheinander aus und berichtet dann über seine Erlebnisse und Gefühle dabei.

Ziel: Schärfen der Sinne, Vertiefung der Sensibilität.

Dauer: Eine Stunde bis zu einem halben Tag.

Wir brauchen dazu: Kärtchen oder Anstecker.

Wie geht es? Bereiten Sie Kärtchen oder Anstecker vor, auf denen die Art der »Behinderung« zu sehen ist. Legen Sie diese Karten in die Mitte der Seminarrunde. Wer bereit ist, holt sich eine Karte und markiert sich so als Blinder, Tauber oder Stummer.

Besondere Hinweise: Für die Kärtchen genügt ein Piktogramm, ein Symbol oder ein aufgeklebtes farbiges Bild.

Wann einsetzen? Wenn die Teilnehmer mehr Selbsterfahrung gewinnen wollen. Zum Schärfen der Sinne.

Komm näher

Art: Vertrauensspiel.

Beteiligte: Wenn möglich, alle Teilnehmer.

Ziel: Herauszufinden, wo die geschützte Intimsphäre des einzelnen beginnt, wieviel Nähe jeder ertragen kann, wo er sich abgrenzen möchte.

Dauer: 15 Minuten.

Wir brauchen dazu: Einen freien Raum ohne Hindernisse.

Wie geht es? Im Raum bilden sich zwei Reihen von Spielern, die sich in etwa fünf Meter Abstand gegenüber aufstellen. Jeder nimmt mit seinem Gegenüber Blickkontakt auf, und dann gehen die beiden aufeinander zu. Langsam und aufmerksam, um wahrzunehmen, wie weit sie sich einander nähern können, ohne gefühlsmäßige Schwierigkeiten zu spüren oder beim anderen zu beobachten.

Besondere Hinweise: Viele Menschen haben Probleme, Nähe zu ertragen, andere nehmen das überhaupt nicht wahr. Achten Sie genau auf Ihr Gefühl, und respektieren Sie den Partner.

Wann einsetzen? Wenn im Seminar die gegenseitige Achtung zu wünschen übrig läßt.

Was mag ich an mir?

Art: Selbstreflexion.

Beteiligte: Die ganze Gruppe.

Ziel: Entdecken der eigenen Persönlichkeit.

Dauer: 30 Minuten.

Wir brauchen dazu: Eine Kopie pro Person mit der vorgedruckten Überschrift »Was mag ich an mir?«.

Wie geht es? Schreiben Sie alle positiven Elemente, die Sie in Ihrer Persönlichkeit entdecken, auf. Schreiben Sie ganze Sätze, die mit »Ich mag an mir ...« beginnen.

Besondere Hinweise: Ermuntern Sie die Gruppe, mehr und mehr zu finden.

Wann einsetzen? Im Führungstraining, zur Gestaltung der Persönlichkeit, zur Entwicklung der Selbstachtung.

Achtung! Das Spiel kann heftige Reaktionen hervorrufen, da viele Menschen zwar wissen, was sie nicht an sich mögen, aber nichts finden, was sie mögen.

<u>Was mag ich an mir?</u>

Personality

Art: Ruhige Übung.

Beteiligte: Maximal zehn Spieler in einer Gruppe.

Ziel: Beobachten, treffend beschreiben.

Dauer: 30 Minuten.

Wir brauchen dazu: Stühle im Kreis.

Wie geht es? Einer verläßt die Spielrunde. Die anderen einigen sich auf eine Person aus ihrer Mitte, die der abwesende Spieler erraten soll. Nachdem er hereingerufen wurde, stellt er jedem im Kreis folgende Frage: »Was für ein Musikinstrument wäre die Person, wenn sie ein Instrument wäre?« Jeder Mitspieler antwortet darauf so, wie er diese Person empfindet (z.B.: »Die Person ist eine klingende Glocke«, »Die Person ist ein alter Brummbaß«). In der zweiten Runde – wenn er die Person noch nicht erraten hat – fragt er beispielsweise: »Was wäre die Person, wenn sie ein Möbelstück (Fahrzeug/Pflanze/Tier) wäre?«

Wann einsetzen? Zur Selbsterfahrung.

Achtung! Niemanden durch Abwertung verletzen!

Mandala

Art: Kreatives Malen.

Beteiligte: Die ganze Gruppe.

Ziel: Die eigene Mitte finden durch graphischen Ausdruck.

Dauer: Eine Stunde.

Wir brauchen dazu: Pro Person ein Blatt, auf das ein großes Quadrat (ab 20 x 20 cm) gezeichnet ist.

Wie geht es? Machen Sie zuerst einen Punkt in die Mitte des Quadrates, dann zeichnen Sie ein Randmuster, das Ihre Zeichnung einrahmt. Das kann ein Quadrat, ein Kreis, ein Sechseck o.ä. sein. Stellen Sie sich jetzt vor, Sie befänden sich in diesem Punkt im Zentrum des Quadrates und betrachteten sich von hier aus die Welt. Denken Sie an alle Qualitäten, die Sie besitzen, und machen Sie sich davon ein Bild in Ihrem Kopf. Kehren Sie dann zum Mittelpunkt zurück und konzentrieren Sie sich darauf. Sagen Sie sich: »Das ist meine Mitte.« Dann malen Sie an die Stelle des Mittelpunktes ein Bild oder ein Symbol, das Ihren einzigartigen persönlichen Kern darstellt, der sich nun nach außen entfaltet.

Besondere Hinweise: Gute Selbsterfahrung.

Wann einsetzen? Wenn man durch oft wiederholte Übungen in tiefe Ebenen des Selbst eindringen möchte oder als Integrations- oder Meditationsübung am Ende des Tages oder des Seminars.

Achtung: Ermutigen Sie die Teilnehmer, denn diese Übung hat nichts mit Begabung fürs Zeichnen zu tun. Das kann jeder, und mit jedem Üben wächst der Ausdruck der vielen Aspekte, die in der Ganzheit der Person enthalten sind. Ein Mandala (einen Zauberkreis) zu zeichnen kann in Zeiten innerer Zerrissenheit oder großer Belastung von außen die Ruhe bieten, sich und seine Gedanken zu sammeln, sich auf das Wichtige zu konzentrieren oder sich von der Mitte her zu entfalten oder umgekehrt: die Mitte zu finden.

Spiegelbild

Art: Ruhige Übung.

Beteiligte: Alle Teilnehmer einer Gruppe.

Ziel: Selbstreflexion/Selbsterfahrung.

Dauer: 15 Minuten.

Wir brauchen dazu: Je Mitspieler eine Spielkopie.

Wie geht es? Stellen Sie sich bitte vor, das sei ein Spiegel.

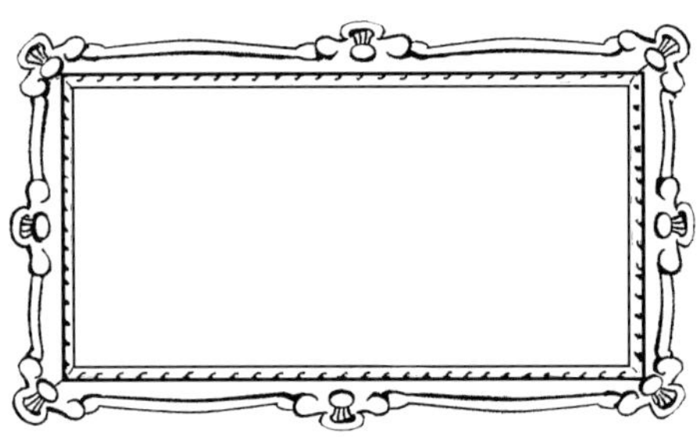

WEN und WAS sehen Sie im Spiegel?

Besondere Hinweise: Notieren Sie ganze Sätze: »Ich sehe ...«

Wann einsetzen? Zur Selbsterfahrung.

Achtung! Das Spiel kann zu starken Emotionen führen.

Stellen Sie sich bitte vor, das sei ein Spiegel

WEN und WAS sehen Sie im Spiegel?
Notieren Sie ganze Sätze:

Ich sehe ... ______________________________

____

____

____

____

____

Soziogramm

Art: Eine Übung, die sich besonders für ein Training zum Thema »Konfliktbewältigung« eignet.

Beteiligte: Alle Seminarteilnehmer.

Ziel: Bewußtmachen von Konfliktsituationen.

Dauer: Diese Übung kann lange Gespräche auslösen.

Wir brauchen dazu: Moderationskarten.

Wie geht es? Die Aufgabe, die an die Gruppe gestellt wird, lautet: »Mit wem möchten Sie gemeinsam in Urlaub fahren?« Wählen Sie aus der Gruppe eine oder zwei Personen.

Variation: Die Frage wird negativ gestellt, um eine noch negativere Stimmung zu erreichen: »Mit wem aus dieser Gruppe möchten Sie nicht in Urlaub fahren?« Alle Namen der Teilnehmer werden auf Karten geschrieben, die Karten werden an der Pinwand entsprechend angebracht, und es werden die Verbindungswege deutlich gekennzeichnet: »Wer mit wem?/Wer mit wem nicht?«

Besondere Hinweise: Bevor diese Übung der Gruppe angeboten wird, muß der Trainer einen Bezug zur Gruppe herstellen, der erläutert: »Wieso machen wir diese Übung?« Es geht dabei in erster Linie um die Menschen, die keinen oder wenig Kontakt zur Gruppe haben. Sie sollen erkennen, daß sie Außenseiter sind. Über den Weg schmerzhafter Selbsterkenntnis ist eine Veränderung möglich.

Wann einsetzen? Wenn es Konflikte oder Teilnehmer, die sich entziehen, gibt.

Achtung! Voraussetzung für eine solche Übung: Die Gruppe kennt sich bereits seit einiger Zeit. Gut ist es, wenn der Trainer therapeutische Erfahrung hat.

Entspannung

7

Entspannung und Phantasiereisen

In den letzten Jahren wurden eine Reihe von Entspannungstechniken oder -methoden auch in Deutschland bekannt und beliebt. So z.B.:

- Autogenes Training
- Bioenergetik
- Geleitete Phantasiereisen
- Konzentrationsübungen wie T'ai Chi, Yoga
- Meditation
- Mentales Training
- Visualisierung u.a.

Sie basieren auf jahrtausendealten fernöstlichen Lehren und sind unterschiedliche Wege zum selben Ziel:

- Sie vermindern Streß.
- Geist, Körper und Psyche werden gleichermaßen angesprochen.
- Die Energieprozesse zwischen linker und rechter Gehirnhälfte harmonisieren sich.
- Wache Entspanntheit erschließt das gesamte Lernpotential des Menschen.
- Die Vorstellungskraft soll sich stärker entwickeln.
- Die Vorstellungen, die wir im entspannten Zustand haben, sollen später leichter in die Tat umzusetzen sein.

Wie sagte schon Antoine de Saint-Éxupéry: »Wenn du ein Schiff bauen willst, dann trommle nicht Männer zusammen, um Holz zu beschaffen, Aufgaben zu vergeben und die Arbeit einzuteilen, sondern lehre sie die Sehnsucht nach dem weiten, endlosen Meer.«

Sekundenentspannung

Art: Unmerkliche Übung zur Vorbereitung auf schwierige Situationen.

Beteiligte: Alle machen mit.

Ziel: Größere Leistungsfähigkeit, Streßabbau, Ruhe und Entspannung.

Dauer: Jeder Übungsteil dauert zwölf Sekunden.

Wir brauchen dazu: Nichts, denn diese isometrische Übung ist überall durchzuführen.

Wie geht es? *Teil 1:* Krümmen Sie Ihre Zehen ganz fest nach unten, und halten Sie die Spannung sechs Sekunden, d.h., zählen Sie von eins bis sechs und atmen Sie ruhig durch. Danach entspannen Sie sich sechs Sekunden.

Teil 2: Jetzt spannen Sie die Füße, die Beine und den Po kräftig an. Sechs Sekunden lang alle Muskeln anspannen, atmen, dann wieder sechs Sekunden entspannen, ganz locker lassen.

Teil 3: Jetzt ziehen Sie den Bauch kräftig ein, und drücken Sie den Rücken dagegen, fest anspannen, sechs Sekunden halten, ruhig weiteratmen, dann sechs Sekunden locker entspannen.

Teil 4: Jetzt kommt der Oberkörper dran: Brust, Rücken, Arme, Schultern anspannen, die Fäuste ballen, sechs Sekunden lang, so fest Sie können; dann wieder locker lassen. Fühlen Sie, wie gut das tut?

Teil 5: Schneiden Sie mit großer Anspannung eine Grimasse mit allen Gesichtsmuskeln. sechs Sekunden halten, gleichmäßig atmen und wieder entspannen.

Teil 6: Zuletzt machen wir alles auf einmal: Spannen Sie alle Muskeln gleichzeitig an, von den Zehenspitzen bis zur Stirn, und halten Sie diese Spannung sechs Sekunden, dann entspannen Sie sich.

Wann einsetzen? Vor harten Arbeitsphasen, vor wichtigen Gesprächen oder Entscheidungen, zur Wiedererlangung des Wohlbefindens.

Kutschersitz

Art:	Entspannung.
Beteiligte:	Die ganze Gruppe.
Ziel:	Totale Entspannung.
Dauer:	Drei Minuten.
Wir brauchen dazu:	Eventuell ruhige, leise Musik.
Wie geht es?	Aufrecht auf den Stuhl setzen und den Rücken anlehnen. Die Knie hüftbreit spreizen, die Füße fest auf den Boden stellen. Nun den Oberkörper leicht nach vorne beugen, den Kopf nach unten neigen, die Schultern hängenlassen, ganz entspannen. Dabei die Ellenbogen auf die Oberschenkel stützen und die Hände locker zwischen die Knie fallen lassen. Die Augen schließen und so, gleichmäßig atmend, drei bis fünf Minuten sitzen bleiben.
Besondere Hinweise:	Auch auf das Gesicht achten, erst wenn sich auch die Gesichtszüge und der Kiefer lösen, ist diese volle Entspannung erreicht.
Wann einsetzen?	Wenn Sie in drei Minuten wieder topfit sein wollen.

Streß und Entspannung

Unter Streß leidet heute ein großer Teil aller Menschen. Streß belastet und macht krank. Eines der einfachsten Mittel, damit fertig zu werden, ist die Tiefenentspannung, die seit Jahrhunderten in vielen Kulturen praktiziert und in der Form des autogenen Trainings bei uns seit Jahren in der Heilbehandlung eingesetzt wird.

Im Seminar und Training bietet eine vom Trainer gesprochene Entspannungsübung Ruhe und Erholung. In der Form der Phantasiereise dient sie auch der Wiederholung und Integration des Lehrstoffes. Mit Hilfe von speziellen Texten lassen sich Blockaden, die uns daran hindern, den größtmöglichen Erfolg im Leben zu haben, auflösen und unsere maximalen körperlichen und geistigen Kräfte erschließen.

Solche Tiefenentspannungen führen zu einer Belebung und Steigerung der Lebensenergie und Lebensfreude. Für Leistungssportler gehören diese Übungen längst zum täglichen Programm. Warum nicht auch für viele andere, von denen Höchstleistungen und Fitneß beruflich und privat erwartet werden?

Für die Trainer, die noch keine Erfahrungen damit gemacht haben, hier einige Anmerkungen und Tips:

- Sprechen Sie einmal einen Text, und nehmen Sie ihn auf Kassette auf, dann stellen Sie beim Abspielen leicht fest, ob Sie zu schnell oder zu langsam, zu leise, zu laut, zu monoton oder zu dramatisch gesprochen haben. Ob die Pausen lange genug waren und an sinnvollen Stellen, denn Sie sprechen bei diesen Texten ja nicht die kompletten Sätze, sondern nur Satzteile mit ausreichenden Pausen dazwischen.
- Vor Beginn der Entspannung fragen Sie die Teilnehmer, ob sie daran teilnehmen oder den Raum verlassen wollen. Wer möchte, darf sich auf den Boden legen, die anderen setzen sich auf Stühle oder den Boden und lockern alle Kleidungsstücke, die einengen (z.B. Gürtel), ziehen die Schuhe aus und legen die Brillen ab.
- Meistens wird bei diesen Entspannungen nicht die »Sie-Form« der Anrede benutzt, sondern die »Du-Form«, weil es sich herausgestellt hat,

daß die Menschen besser erreichbar und ansprechbar sind, wenn sie geduzt werden. Das »Du« nimmt die Distanz und gibt Vertrauen. Die suggestive Wirkung der Worte ist viel stärker so und erreicht ohne Umwege das Ziel, das innere Kind in uns.

- Wenn Sie hervorragende vorgefertigte Kassetten einsetzen wollen, auch zum therapeutischen Lösen von Blockaden und Stressoren, empfehle ich Ihnen das Kassettenprogramm »Werde, wer du wirklich bist« von Bodo G. Toelstede, oder »Regenbogenfarbe« von Hartmut Wagner (siehe Literaturverzeichnis S. 252).

Entspannungsübung I + II

Art: Ruhige Übung mit zwei Mustertexten.

Beteiligte: Die ganze Gruppe.

Ziel: Körperliche und geistige Entspannung, Alpha-Tiefenentspannung.

Dauer: Ca. 30 Minuten. Stoppen Sie die Zeit, wenn Sie probesprechen.

Wir brauchen dazu: Einen vorbereiteten Text, einen bequemen Sitzplatz, eventuell die dazu passende musikalische Untermalung, d.h., leise Meditationsmusik.

Wie geht es? Der Trainer spricht den von ihm gewählten Text: Zuerst die körperliche Entspannung, daran anschließend die Phantasiereise, die auch eine Wiederholung oder Zusammenfassung des Tagespensums sein kann (siehe Seite 186).

Besondere Hinweise: Prüfen Sie kritisch Ihre eigene Sprechweise und Stimme. Üben Sie vor dem ersten Mal alleine mit dem Kassettenrecorder.

Wann einsetzen? Am Morgen vor Beginn der Arbeit zur positiven Einstellung oder am Abend.

Achtung! Fragen Sie vor Beginn, ob jemand eine Flugphobie hat oder seekrank wird. Dann wählen Sie natürlich keinen Flug oder keine Segelpartie, oder Sie stellen dem Teilnehmer frei, vorher den Raum zu verlassen.

Entspannungsübung I (Anrede: Sie)

Text zur Übung

»Diese Zeit gehört Ihnen allein ... Suchen Sie sich einen Platz im Raum ... Setzen Sie sich aufrecht auf Ihren Stuhl ... Suchen sie festen Halt mit dem Rücken ... Ihre Beine sind nicht übereinandergeschlagen ... Und Ihre Arme sind frei in der Bewegung ...

Konzentrieren Sie sich auf Ihre linke Hand und den linken Unterarm ... Schließen Sie die linke Hand zur Faust ... und fühlen Sie die Spannung in den Muskeln der linken Hand ... Spannen Sie noch fester ... noch fester ... halten Sie die Spannung ... Jetzt lassen Sie die Spannung los ...

Konzentrieren Sie sich auf die rechte Hand und den rechten Unterarm ... Ballen Sie die rechte Hand zur Faust ... Spannen Sie den rechten Unterarm an ... Die Muskeln werden hart ... Spannen Sie noch mehr an ... und halten Sie die Spannung ... Und jetzt lassen Sie los ... Genießen Sie das Gefühl der Entspannung ...

Jetzt konzentrieren Sie sich auf Ihre linke Hand, den linken Unterarm und den linken Oberarm ... Ballen Sie die linke Hand zur Faust und spannen Sie die Muskeln des linken Oberarms an ... Noch mehr ... noch fester ... Halten Sie die Spannung ... Jetzt lassen Sie los ... Fühlen Sie, wie die Spannung aus Ihrem Arm fließt ... Genießen Sie das Gefühl der Entspannung ...

Und jetzt spannen Sie Ihren ganzen rechten Arm an ... Ballen Sie eine Faust ... Spannen Sie den rechten Unterarm an ... Spannen Sie den rechten Oberarm an ... Lassen Sie die Muskeln fest werden ... Halten Sie die Spannung ... Jetzt lassen Sie die Spannung los ...

Und nun spannen Sie Ihre Gesichtsmuskeln an ... Runzeln Sie die Stirn ... Beißen Sie die Zähne aufeinander ... Schließen Sie die Augen ... Fühlen Sie die Anspannung ... Lassen Sie los ... Lassen Sie locker ... Fühlen Sie, wie die Anspannung aus Ihrem Gesicht weicht ... Lassen Sie alle Gesichtszüge lokker ... Ihr Gesicht ist weich und entspannt ... Ihre Zähne berühren sich nicht ... Ihre Zunge liegt locker und entspannt im Mund ... Fühlen Sie, wie sich die Entspannung über Ihr ganzes Gesicht ausbreitet ...

Und noch einmal ... Spannen Sie alle Gesichtsmuskeln an ... Beißen Sie die Zähne fest zusammen ... Legen Sie die Stirn in Falten ... Schließen Sie fest die Augen ... Fühlen Sie die Spannung ... Noch fester ... Und lassen Sie locker ... Fühlen Sie die Entspannung im ganzen Gesicht ...

Jetzt konzentrieren Sie die Spannung auf Ihren Hals und den Rücken ... Ziehen Sie die Schultern hoch ... So hoch Sie können ... bis an die Ohren ... Anspannen ... Spannen Sie noch fester an ... Und lassen Sie los ... Lassen Sie die Spannung wegfließen, und genießen Sie die Freude der Entspannung ... Spannen Sie die Hals- und Rückenmuskeln an ... Ziehen Sie die Schulterblätter hoch ... Halten Sie die Spannung ... Lassen Sie los ... Lassen Sie die Spannung hinausfließen ... Genießen Sie das wohlige Gefühl der Entspannung ...

Und nun, atmen Sie tief ein ... Tiefer, tiefer, und halten Sie die Luft an ... Jetzt atmen Sie aus und lassen alle Luft ausströmen ... tief ausströmen ... Fühlen Sie sich entspannt ... Fühlen Sie, wie die Spannung weicht ...

Und noch einmal ... Atmen Sie tief ein ... Halten Sie den Atem ... Und atmen Sie aus ... Ganz entspannt ...

Jetzt konzentrieren Sie sich auf Ihren linken Fuß und Ihr linkes Bein ... Strecken Sie Ihr linkes Bein aus ... Und fühlen Sie, wie die Muskeln hart werden ... Spannen, noch fester spannen ... Und nun lassen sie die Spannung los ... Fühlen Sie, wie die Spannung aus Ihrem linken Bein und dem linken Fuß weicht ... Genießen Sie die Entspannung ...

Noch einmal, spannen Sie das linke Bein an ... Fühlen Sie, wie die Muskeln hart werden ... Halten Sie die Spannung ... Und lassen Sie die Spannung jetzt los ... Genießen Sie das Gefühl der Entspannung ...

Und jetzt das rechte Bein anheben ... Spannen Sie das rechte Bein an ... Fest, noch fester ... Halten sie die Spannung ... Und jetzt lassen Sie alle Spannung aus dem rechten Bein fließen ... Genießen Sie das Gefühl der tiefen Entspannung ...

Und noch einmal ... Spannen Sie das rechte Bein an ... Fest, noch fester ... Halten Sie die Spannung ... Lassen Sie los ...

Und jetzt werde ich langsam von zehn bis null zählen ... Mit jeder Zahl, die Sie hören, werden Sie noch tiefer entspannt sein ... Zehn – neun – acht – sieben – sechs – fünf – vier – drei – zwei – eins – null ... Genießen Sie das Gefühl totaler Entspannung ...

Fühlen Sie die Wärme, die durch Ihren Körper fließt ... Die Wärme in den Fingerspitzen fließt durch Ihre Arme zu den Schultern ... Fühlen Sie, wie warm die Hände und Arme werden ... Das Gefühl der Wärme fließt nun durch Ihren Körper ... Fühlen Sie die Wärme in Ihrer Brust, in Ihrem Magen ... Und jetzt spüren Sie, wie die Wärme in Ihre Beine fließt ... entspannen Sie sich, werden Sie warm ...«

Phantasiereise:

Hier beginnt dann Ihr ganz individueller Text, z.B. eine Phantasiereise:

»Stellen Sie sich vor, daß Sie am Strand liegen, an einem herrlichen warmen Sommertag ... Es ist ein schöner Strand ... Feiner, weißer Sand ... Fühlen Sie die Wellen, die an Ihre Füße spülen ... Fühlen Sie den sanften Wind, der Ihre Haut streichelt ... Genießen sie das Gefühl totaler Entspannung ... Stellen Sie sich vor, im Sand zu liegen ... Ganz weich und warm ... Ganz zufrieden ... Ganz entspannt ... Ganz in Harmonie mit sich selbst ...« usw.

Rückkehr in den Raum:

»Und jetzt ist es Zeit, von der kleinen Reise zurückzukommen ... Bewegen Sie die Zehen und die Füße ... Bewegen Sie die Finger ... Ballen Sie die Fäuste ... Holen Sie tief Atem ... Strecken Sie sich ... Gähnen Sie ... Öffnen Sie die Augen ... Kommen Sie wieder zurück in diesen Raum ... Schauen Sie sich um ... Und fühlen Sie sich voll Energie ...«

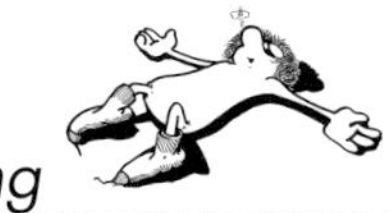

Entspannungsübung II (Anrede: du)

Text zur Übung

»Jetzt ist es Zeit, sich gut zu fühlen und zu entspannen ... Finde eine Möglichkeit, wie du bequem sitzen oder liegen kannst ... Denke daran, daß du auch mit geradem Rücken sitzend entspannen kannst ...

Atme aus ... Atme wieder ein ... langsam und tief ... Wenn du es willst, schließe deine Augen ... Wie fühlst du dich? ... Fühlst du dich wohl? ...

Schicke deine Gedanken einmal rund um deinen Körper ... Falls dich irgend etwas drückt ... oder dir unbequem ist ... öffne Knöpfe oder den Gürtel ... zieh die Schuhe aus ... so daß du dich rundum wohl fühlst ...

Falls ein Teil deines Körpers verspannt ist oder schmerzt ... fühle es ... und atme ruhig in diesen Teil des Körpers ... Laß ihn ausruhen, entspannen ... und vielleicht fühlt er sich schon besser ...

Stehen deine Füße fest und sicher auf der Erde? ... Hängen deine Schultern entspannt? ... Was fühlen deine Hände? ... Ist es hart oder weich? ... Kalt oder warm? ...

Nun stelle dir vor, daß eine sanfte, warme Welle der Ruhe ... langsam durch dich fließt ... von deinem Kopf bis zu den Füßen ... Fühlst du es schon in den Haaren? ... Jetzt sinkt sie langsam über die Stirn ... und die Augen ... Und du fühlst, wie die Gesichtshaut ... weich und glatt und entspannt wird ...

Die Welle der Ruhe fließt weiter ... über deine Ohren, die Nase und den Hinterkopf ... Sie fließt über deine Lippen und das Kinn ... und sie entspannen sich ... Deine Zähne berühren sich nicht ... die Zunge liegt locker im Mund ...

Hole einen tiefen Atemzug ... und fühle, wie die warme Welle über den Nacken ... zu deinen Schultern fließt ... Sie trennt sich und fließt von da in beide Arme ... zum Ellbogen, zu den Handgelenken, in die Hände ... bis zu den Fingerspitzen ... Du fühlst deine Arme und Hände ... wie sie warm und schwer und entspannt werden ...

Geh jetzt noch einmal zurück zu deinen Schultern ... Die Welle bewegt sich nun langsam abwärts ... und die Schultern lockern sich mehr und mehr ...

abwärts über deinen Brustkorb und den Rücken ... über den Bauch und das Gesäß ... und der ganze Körper lockert sich ... Er versinkt in den Stuhl (oder Boden) ... wird weich und schwer und warm ...

Die Welle teilt sich noch einmal ... und fließt deine Beine hinunter ... durch die Oberschenkel, die Knie, die Knöchel ... und langsam durch deine Zehen ... aus dir heraus ... Alle Anspannung fließt aus deinem Körper ... Auch deine Beine und Füße sind schwer und locker ... Du fühlst dich warm, sicher und sehr, sehr wohl ... und deine Stirn ist kühl ... dein Geist ist hellwach, und bereit ... sich auf eine Reise nach innen zu begeben.«

Übergang zur Phantasiereise:

Als Themen bieten sich an:
Spaziergang durch den Garten, am Waldrand, am Strand, durch die Dünen, eine Floßfahrt, auf der kleinen Wattewolke schweben, Ballonreise oder Reise durch das Seminarthema, die Übungseinheit, etc.

Achtung:

Bei der Wortwahl alle Sinne ansprechen:
Ich sehe, ich erlebe, ich bemerke, ich höre, spüre, empfinde, fühle, rieche, schmecke, nehme wahr, genieße ...
Positive Erlebnisse, positive Redewendungen, logische Verbindungen.
Immer wieder von Ruhe, Stille, Wärme, Wohlfühlen und Schwere sprechen.

Rückkehr in den Raum:

»Komm langsam hierher zurück von der Reise ... Schau dich noch einmal um ...
Verabschiede dich von dem Ort ... an dem du gerade warst ... Du bist sicher, daß du immer wieder dorthin gehen kannst, wenn du es willst ... Nimm dir Zeit ... die Zeit, die du brauchst, um zurückzukommen ...«

Besonderer Hinweis:

Jetzt die Musik nach und nach etwas lauter stellen und allmählich lauter und schneller sprechen.

»Bewege dich ... Strecke die Beine aus ... bewege die Füße und die Finger ... Atme tief ein und aus ... Dehne dich und strecke dich ... und komme wieder hier bei uns an ... öffne die Augen und sieh dich um ... Hier sind alle anderen, mit denen du diese Tage verbringst ...«

Kommunikation

8

Kommunikation

Jeder Mensch kommuniziert in jeder Minute, die er mit anderen Menschen zusammen verbringt. Nicht kommunizieren ist nicht möglich.

Wie kommt es aber, daß Freundschaft so oft in Feindschaft umschlägt, daß Kommunikation schiefgeht, daß die Menschen aneinander vorbeireden, daß sie übereinander statt miteinander sprechen, daß sie sich nicht verstehen, obwohl sie dieselbe Sprache benutzen?

Carl Rogers weist darauf hin, daß unsere erste Reaktion auf die ausgesprochene Meinung anderer darin besteht, daß wir diese Meinung und die Person, die sie äußerte, beurteilen. Je stärker dabei unsere emotionale Reaktion ist, desto stärker ist auch das Urteil. Diese Tendenz, zu beurteilen, zu bewerten, zuzustimmen oder abzulehnen, nennt er »die Hauptbarriere für eine auf gegenseitigem Verständnis beruhende zwischenmenschliche Kommunikation«. Denn wenn jeder nur vom eigenen Bezugsrahmen her urteilt, gibt es wirklich nichts, was man im wahren Sinne des Wortes Kommunikation nennen kann.

Die Fähigkeit, den anderen Standpunkt zu sehen, sagt Rogers, »ist das wichtigste bekannte Mittel zur Veränderung der grundlegenden Persönlichkeitsstruktur eines Menschen und zur Besserung seiner Beziehungen und seiner Kommunikation mit anderen.«

Joachim Ernst Berendt sagte im Westdeutschen Rundfunk: »Wenn wir nicht wieder lernen zu hören, haben wir dem alles zerstörenden mechanistischen und rationalistischen Denken gegenüber keine Chance mehr.«

Wenn es zwischen Paaren, Freunden oder in Gruppen Meinungsverschiedenheiten gibt, besteht die Möglichkeit, die Diskussion abzubrechen und die Regel des Spiels: Unterhaltung (Variation), Seite 201 anzuwenden.

Diese Methode am besten zuerst mit weniger problemgeladenen Themen üben, dann steht eine ausgezeichnete Technik zur Verfügung, wenn es um große, emotional geladene Meinungsverschiedenheiten geht.

Fremdsprache

Art: Kommunikation mit unbekannter Sprache.

Beteiligte: Die ganze Gruppe.

Ziel: Training der Stimme und Ausdruck von Gefühlen ohne den Gebrauch sinnvoller Worte.

Dauer: 15 Minuten.

Wir brauchen dazu: Keine weiteren Materialien notwendig.

Wie geht es? Ein Mitspieler tritt in den Kreis und drückt seine Gefühle durch einsilbige, sinnlose Worte aus, wie z.B.: plopp, bohhh, zapp, ihi usw. Die Gruppe deutet, wie er sich wohl gerade fühlt. Wenn weder Mimik noch Körpersprache sichtbar sein sollen, stellt sich der Spieler hinter Pinwand oder Flipchart.

Besondere Hinweise: Gut einsetzbar in Rhetorikseminaren, wenn es um eine ausdrucksstarke Stimme geht.

Die Tante aus Amerika

Art: Pantomime/Kreativspiel.

Beteiligte: Die ganze Gruppe.

Ziel: Dieses Spiel soll nur Spaß machen und zum großen Gelächter führen.

Dauer: Einige Durchgänge.

Wir brauchen dazu: Eine Spielrunde.

Wie geht es? Der Spielleiter beginnt mit dem Satz: »Die Tante aus Amerika ist da.« Der nächste fragt: »Was hat sie denn mitgebracht?« Der nächste antwortet z.B.: »Ein Fahrrad« und macht die typische Radfahrbewegung, die jetzt alle nachmachen müssen. Der nächste sagt wieder: »Die Tante aus Amerika ist da« usw., bis sich alles in Tohuwabohu auflöst, da die Gruppe alle Bewegungen möglichst gleichzeitig ausführen soll.

Besondere Hinweise: Andere Möglichkeiten: »Der Chef ist krank«, »Was hat er denn?« (Kopfwackeln, Schulterzucken, Augenrollen usw.)

Wann einsetzen? Am Abend.

Pantomime

Art: Nonverbales Kommunikationsspiel.

Beteiligte: Die ganze Gruppe, maximal 20 Personen.

Ziel: Jeder erkennt, wie subjektiv die Menschen Informationen, besonders nonverbale, aufnehmen und sie gefiltert oder interpretiert weitergeben.

Dauer: Ca. fünf Minuten pro Wiederholung.

Wir brauchen dazu: Keine Requisiten.

Wie geht es? Einige Mitspieler verlassen den großen Kreis und gehen aus dem Zimmer. Der Trainer oder einer der Teilnehmer spielt eine Szene aus dem Alltag, wie z.B.: beim Arzt oder aus dem eigenen Berufsleben pantomimisch vor. Einer der Zuschauer holt einen draußen Wartenden herein und spielt ihm diese Geschichte vor. Nacheinander werden die Wartenden hereingeholt, und der jeweils letzte spielt die Pantomime. Wenn alle wieder im Raum sind und der letzte seine Version vorgespielt hat, spielt der erste noch mal die Originalfassung.

Besondere Hinweise: Wer mit Video arbeitet, kann die Pantomimen aufzeichnen.

Wann einsetzen? Sehr geeignet, um auf die Ursachen hinzuarbeiten, die Kommunikation fehlschlagen lassen, wie: subjektives Wahrnehmen (jeder sieht nur, was er will und weiß), Interpretation und verfälschte Weitergabe von Informationen.

Die Treppe

Art: Kommunikationsspiel, bei dem es auf Beobachtung, objektive Wahrnehmung und klare Weitergabe ankommt.

Beteiligte: Zehn bis 20 Teilnehmer.

Ziel: Herausfiltern der Gründe, die eine klare, objektive Informationsweitergabe erschweren oder verhindern.

Dauer: Ca. fünf Minuten pro Teilnehmer.

Wir brauchen dazu: Eine hübsche Geschichte, gut ausgeschmückt mit vielen Details, oder einen seminar- oder firmenbezogenen Text.

Wie geht es? Mehrere Mitspieler verlassen den Raum. Der Trainer erzählt oder liest die Geschichte. Wer von den Zuhörern die Geschichte dann einem der vor der Tür Wartenden weitererzählen möchte, holt den nächsten Zuhörer herein und erzählt, was er noch weiß. So geht es weiter, bis alle wieder im Plenum sind. Zum Schluß vergleichen die Teilnehmer die deformierte, interpretierte oder falsch wiedergegebene Endinformation mit der ursprünglichen Version.

Besondere Hinweise: Nehmen Sie alles oder nur die ursprüngliche Geschichte auf Kassette auf, und analysieren Sie gemeinsam.

Wann einsetzen? Zum Einstieg in ein Kommunikations- oder Führungstraining.

Körpersprache

Art: Nonverbaler Ausdruck.

Beteiligte: Die ganze Gruppe.

Ziel: Übung der Ausdrucksfähigkeit.

Dauer: Je nach Teilnehmerzahl bis zu einer Stunde.

Wir brauchen dazu: Pro Teilnehmer benötigen wir einen Zettel, auf dem ein Gefühl aufgeschrieben ist.

Wie geht es? Die Teilnehmer ziehen je einen Zettel. Jeder stellt das aufgeschriebene Gefühl dar, und die Gruppe findet heraus, um welches Gefühl es sich dabei handelt.

Besondere Hinweise: Eventuell mit Video aufzeichnen.

Wann einsetzen? Am Ende eines Seminartages.

Theater

Art: Nonverbale Aktivität.

Beteiligte: Die ganze Gruppe.

Ziel: Steigerung der Ausdrucksfähigkeit.

Dauer: Eine Stunde.

Wir brauchen dazu: Keine Requisiten.

Wie geht es? Wir stellen uns eine Bühne vor. Ein Teilnehmer beginnt, auf der Bühne eine Szene ohne Worte darzustellen. Dazu macht er eine charakteristische Bewegung (z.B.: Ein Mensch klopft an die Tür). Die anderen Teilnehmer setzen die Szene fort und lassen ihrer Fantasie freien Lauf mit möglichst vielen unerwarteten Einfällen.

Wann einsetzen? Am Abend oder während eines Empathietrainings.

Themenpantomime

Art: Nonverbales Spiel/Kreativspiel.

Beteiligte: Kleingruppen mit drei bis fünf Mitspielern.

Ziel: Einen gesuchten Titel finden und darstellen, die Gruppe rät.

Dauer: 30 Minuten oder länger.

Wir brauchen dazu: So viele Titel und Kuverts wie beteiligte Gruppen.

Wie geht es? Der Spielleiter denkt sich einige Buchtitel, Filmtitel, Märchen o. ä. aus. Auf einen Zettel schreibt er den Titel in Druckbuchstaben, z.B.: FAUST und schneidet diesen Zettel in kleine Buchstabenzettel. Diese Buchstaben steckt er in Kuverts. Die Gruppen ziehen je ein Kuvert und bilden aus den Einzelbuchstaben den Titel, den aber niemand laut sagen darf, sondern den die Gesamtgruppe pantomimisch darstellen soll.

Besondere Hinweise: Je nach Gruppe schwer oder leicht gestalten (z.B.: Casablanca, Vom Winde verweht, Manche mögen's heiß usw.)

Wann einsetzen? Am Abend.

Variation 1: Jede Gruppe kann sich für eine andere das Thema ausdenken und die Zettel vorbereiten.

Variation 2 : Ganz toll wird es, wenn firmen- oder seminarbezogen gespielt wird.

Wer bin ich?

Art: Nonverbales Kommunikationsspiel.

Beteiligte: Die ganze Gruppe.

Ziel: Kreatives Darstellen.

Dauer: 30 Minuten.

Wir brauchen dazu: Keine weiteren Utensilien.

Wie geht es? Ein Mitspieler stellt die prominente Person oder Figur pantomimisch dar, die er gerne wäre. Die Gruppe rät.

Wann einsetzen? Am Abend.

Stumme Antwort

Art: Pantomime.

Beteiligte: Die ganze Gruppe.

Ziel: Kreative Darstellung üben.

Dauer: 30 Minuten.

Wir brauchen dazu: Keine zusätzlichen Materialien.

Wie geht es? Die Gruppe sitzt im Kreis. Ein Spieler geht von einem zum anderen und stellt ihm eine Frage; diese darf nur pantomimisch beantwortet werden, also nur durch Mimik, Gesten oder Bewegungen. Z. B.: »Sind Sie krank?« Der Gefragte steht auf und hinkt durch den Raum.

Besondere Hinweise: Die Fragen so stellen, daß Kopfnicken oder -schütteln nicht ausreicht, um sie zu beantworten.

Wann einsetzen? Zum Auflockern, auch berufsbezogen (z.B.: »Was arbeiten Sie?«, »Welche Bewegungen machen Sie bei der Arbeit?« usw.).

Der beste Chef, den ich kenne

Art: Einzelarbeit und Gruppenaktivität.

Beteiligte: Die ganze Gruppe.

Ziel: Führungsqualitäten sollen erweitert werden.

Dauer: Eine Stunde.

Wir brauchen dazu: Pro Person eine Spielkopie, auf der positive Führungseigenschaften notiert sind oder von der Gruppe gemeinsam erarbeitet und dann notiert werden.

Wie geht es? Jeder Teilnehmer beschreibt eine ihm schon bekannte Führungspersönlichkeit oder einen Chef, von dem er gehört oder gelesen hat. Hilfe leistet dabei die Sammlung der Führungseigenschaften. Anschließend präsentieren die Teilnehmer ihre »Chefs« und filtern aus den genannten Eigenschaften die wesentlichsten heraus.

Wann einsetzen? Im Führungstraining.

Unterhaltung

Art: Kommunikationsspiel.

Beteiligte: Je zwei Spieler.

Ziel: Dem anderen zuzuhören und wiederzugeben, was er wirklich gesagt hat.

Dauer: 30 Minuten.

Wir brauchen dazu: Keine Hilfsmittel notwendig.

Wie geht es? Die beiden Teilnehmer unterhalten sich 15 Minuten über ein Thema. Danach versucht jeder die Meinung des anderen zu diesem Thema wiederzugeben. Derjenige, über dessen Aussagen referiert wird, sagt im Anschluß daran, ob alles richtig wiedergegeben war oder was eventuell falsch interpretiert war.

Variation: An diese Übung kann sich gut anschließen, was Carl Rogers in seinem Buch »On Becoming a Person« als Experiment einsetzt: Jede Person darf erst dann für sich selbst sprechen, wenn sie zuvor die Ideen und Gefühle des Partners genau und auf eine Weise wiederholt hat, die den Sprecher zufriedenstellt.

Besondere Hinweise: Dabei muß wirklich der Bezugsrahmen des anderen erkannt werden, um in der Lage zu sein, in seinem Sinne zusammenzufassen.

Achtung! Das hört sich einfach an, ist aber eine der schwierigsten Aufgaben. Das Verständnis des Standpunktes einer anderen Person kann Ihre eigene Position verändern. Auch entladen sich emotionale Spannungen, die zeigen, wo die Meinungsverschiedenheit liegt.

Fragen, Fragen, Fragen...

Art: Würfelspiel, Kommunikationsspiel.

Beteiligte: Jede Gruppe besteht aus drei bis fünf Personen.

Ziel: Eine Lernaufgabe (z.B. offene Fragen stellen) soll erfüllt werden.

Dauer: Eine Stunde oder mehr.

Wir brauchen dazu: Zwei Würfel und eine Spielkopie je Gruppe.

Wie geht es? Der Trainer legt fest, was geübt werden soll. Sind es z.B. offene Fragen (alle Fragen, die mit »W« beginnen), dann schreiben die Spieler Antworten auf Fragen in die Felder, die möglicherweise passend zum Übungsthema gestellt werden. Eine Antwort pro Feld kurz notieren. Der erste Spieler würfelt mit beiden Würfeln gleichzeitig und erhält mit den Zahlen ein Feld im Koordinatenkreuz (z.B.: 3 senkrecht, 4 waagerecht). Jetzt denkt er sich eine Frage aus, die zu der in diesem Feld notierten Antwort paßt und die mit »W« beginnt. Das bearbeitete Feld wird mit X ausgestrichen. Wer die gleichen Koordinaten nochmals würfelt, setzt einmal aus.

Besondere Hinweise: Mit diesem Spiel lassen sich jede Menge Übungen gestalten.

Wann einsetzen? Zum Üben und Wiederholen.

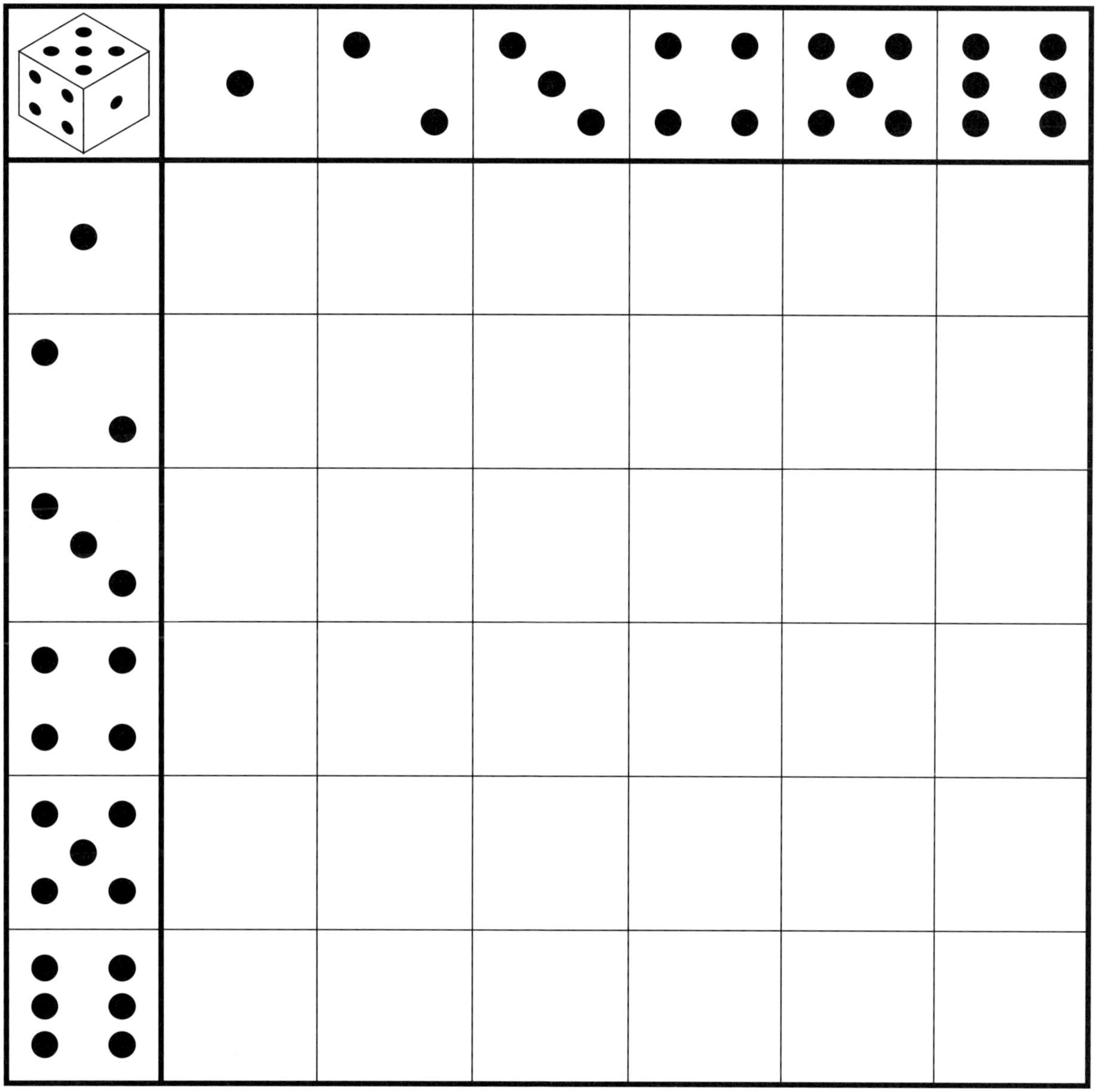

Nonsensdebatte

Art: Kommunikationsspiel.

Beteiligte: Die ganze Gruppe.

Ziel: Zu Wort kommen und andere zu Wort kommen lassen.

Dauer: 30 Minuten.

Wir brauchen dazu: Einige unsinnige Themen wie beispielsweise »Die Bedeutung des Kühlschranks in Grönland« o.ä.

Wie geht es? Vier Möglichkeiten:

1. Die Teilnehmer dürfen ohne Einschränkungen durcheinanderreden.
2. Zwei Gruppen diskutieren pro und contra.
3. Diskussion pro und contra nur mit Lauten und Bewegungen, keine Worte verwenden.
4. Diskussion nur mit Bewegung und Mimik.

Besondere Hinweise: Eventuell Videoaufzeichnung machen.

Wann einsetzen? Am Morgen, in Rhetorikkursen, im Führungstraining.

Ich hab's!

Art: Kommunikationsspiel.

Beteiligte: Die ganze Gruppe.

Ziel: Verbesserung der Kommunikationsfähigkeit und der Ausdrucksfähigkeit.

Dauer: 30 Minuten.

Wir brauchen dazu: Keine Requisiten.

Wie geht es? Zwei Teilnehmer verabreden ein Thema. Sie unterhalten sich vor der Gruppe darüber, aber sie nennen das Thema, um das es geht, nicht. Meint jemand, das Thema erraten zu haben, darf er sich an der Unterhaltung beteiligen. Wenn es die beiden wollen, muß er ihnen das Thema ins Ohr flüstern, und, falls es falsch ist, sich wieder in den Kreis setzen.

Besondere Hinweise: Als verbale Kommunikationsübung, auch zum Wiederholen bestimmter Seminarthemen.

Wann einsetzen? Am Ende eines Seminartages.

Obstsalat

Art: Kommunikationsspiel.

Beteiligte: Die ganze Gruppe.

Ziel: Das Gedächtnis wird geübt.

Dauer: 20 Minuten.

Wir brauchen dazu: Nur die Spielrunde der Anwesenden.

Wie geht es? Die Mitspieler sitzen im Kreis. Der Spielleiter beginnt die Zutaten für den Obstsalat einzukaufen. Er sagt z.B. »Äpfel« und zeigt auf einen Mitspieler. Der wiederholt: »Apfel, Birne«. Der dritte Mitspieler wiederholt und fügt eine Frucht mit C an und so weiter, bis jemand nicht mehr weiterweiß. Leider muß er jetzt zuschauen und zuhören, wie die anderen weiterspielen.

Besondere Hinweise: Schwieriger wird's, wenn man nicht nach dem Alphabet spielt, sondern beliebige Obstsorten nennen darf. Noch schwieriger wird es, wenn firmenbezogener oder seminarbezogener Wortschatz verwendet wird.

Wann einsetzen? Am Ende des Seminars mit seminarbezogenen Wörtern zur Wiederholung.

»Bild« war dabei

Art:	Kreatives Kommunikationsspiel.
Beteiligte:	Alle.
Ziel:	Steigerung der Kreativität.
Dauer:	30 Minuten.
Wir brauchen dazu:	Pro Teilnehmer eine Zeitung.
Wie geht es?	Die Gruppe sitzt im Kreis, und einer beginnt, eine Schlagzeile vorzulesen. Ein anderer antwortet, möglichst witzig, mit einer anderen Schlagzeile.
Besondere Hinweise:	Mit witziger Auswahl können sich die Spieler gegenseitig übertrumpfen.
Wann einsetzen?	Nach der Pause. Daraus kann Nonsenstheater werden.

Auf dem Marktplatz

Art: Kennenlernspiel, nonverbale Kommunikation.

Beteiligte: Die ganze Gruppe.

Ziel: Intensiveres Kennenlernen.

Dauer: 15 Minuten.

Wir brauchen dazu: Keine weiteren Materialien.

Wie geht es? Alle Mitspieler gehen zwanglos im Raum (Marktplatz) umher. Der Spielleiter gibt Anweisungen (z.B.: »In einer fremden Stadt erleben Sie die Bevölkerung auf dem Marktplatz so ...«):

- Alle laufen aneinander vorbei, keiner schaut den anderen an, alle sehen zu Boden, keiner berührt einen anderen (zwei Minuten, dabei auf die Gefühle achten).
- Jetzt schauen alle auf und sehen sich um, aber sie nehmen noch keinen Kontakt auf (eine Minute).
- Jetzt sehen sich die Leute auf dem Marktplatz genauer an, sehen sich in die Augen (1 Minute).
- Sie begrüßen sich, auch durch eine kurze Berührung an der Schulter (eine Minute).
  Die besondere Art der Begrüßung in dieser Stadt geht so: Leute, die sich begrüßen wollen, ziehen sich sanft am Ohrläppchen (zwei Minuten).
  Gute Bekannte begrüßen sich so: Sie fassen sichzweian der Schulter, sehen sich in die Augen und schütteln sich ein wenig (zwei Minuten)
  Alte Freunde umarmen sich, wenn sie sich treffen (eine Minute).

Besondere Hinweise: Dieses Spiel führt aus der Isolation zum Körperkontakt. Im Plenum oder in Zweiergruppen kann über die Gefühle während des Spiels diskutiert werden.

Wann einsetzen? Nicht gleich am Beginn des Seminars, vielleicht am Abend des ersten Tages.

Gefühle weitergeben

Art: Nonverbale Kommunikation.

Beteiligte: Fünf bis zehn Mitspieler.

Ziel: Sich auf andere gefühlsmäßig einlassen.

Dauer: 30 Minuten.

Wir brauchen dazu: Stühle im Kreis.

Wie geht es? Die Mitspieler sitzen im Kreis, fassen sich an den Händen und schließen die Augen. Ein vorher bestimmter Spieler denkt sich ein Gefühl aus (z.B.: Freude, Zärtlichkeit, Wut usw.). Er versucht, dieses Gefühl durch die Bewegung seiner rechten Hand der Hand seines rechten Nachbarn mitzuteilen. Der muß das Gefühl erraten und das empfangene Signal weitergeben. Wenn das Gefühl einmal herumgereicht ist, öffnen alle die Augen und raten in umgekehrter Reihenfolge, welches Gefühl wohl gemeint war. Danach kommt ein neues Gefühl dran.

Besondere Hinweise: Es darf nicht dabei geredet werden. Die Augen bleiben geschlossen.

Wann einsetzen? Nach einer Pause.

Dialogmalerei

Art: Nonverbale Kommunikation, Kreativspiel.

Beteiligte: Zwei Personen.

Ziel: Kontakt aufnehmen, Dialog führen, ohne zu sprechen.

Dauer: Zehn bis 30 Minuten, so lange es Spaß macht.

Wir brauchen dazu: Ein größeres Stück Malpapier und farbige Stifte.

Wie geht es? Zwei Spieler setzen sich gegenüber, legen das Papier zwischen sich; einer beginnt damit, etwas zu malen, z.B.: eine Figur, ein Haus oder was ihm in den Sinn kommt. Dann malt der zweite weiter, er fügt hinzu oder verfremdet. Dann ist der erste wieder an der Reihe. Dabei wird nicht geredet. Der Dialog entsteht mit dem Stift. Wenn beide das Gefühl haben, fertig zu sein, besprechen sie, was sie während des Malens gedacht und gefühlt haben.

Besondere Hinweise: Es kommt nicht darauf an, daß die Malerei perfekt ist.

Wann einsetzen? Als Kreativübung, um Ruhe zu finden, am Ende des Seminartages.

Achtung! Viele Menschen scheuen sich zu malen. Sie sagen sofort: »Ich kann nicht malen.« Ermutigen Sie sie, indem Sie selbst – auch nicht perfekt – mitmachen.

Traurig im Kino

Art:	Nonverbale Kommunikation.
Beteiligte:	Die ganze Gruppe in Paaren.
Ziel:	Einigung auf die Darstellung einer Situation. Erraten des Dargestellten durch die Gruppe.
Dauer:	30 Minuten oder auch etwas länger.
Wir brauchen dazu:	Zettel in zwei verschiedenen Farben, z.B. rote und weiße. Auf jeden roten schreibt der Spielleiter zwei Eigenschaften oder Gemütsbewegungen: »fröhlich – traurig«, »ruhig – nervös«, »mutig – feige«, »listig – naiv«. Auf jeden weißen Zettel schreibt er einen Ort oder eine Situation (z.B.: auf einem Turm, im Kino, im Bus, beim Chef usw.)
Wie geht es?	Die Gruppe bildet Paare, von denen die eine Person einen weißen, die andere einen roten Zettel zieht. Auf dem roten Zettel steht beispielsweise »fröhlich – traurig«, auf dem weißen »im Kino«. Die beiden Spieler beraten kurz, wer den traurigen, wer den fröhlichen Kinobesucher darstellt, dann spielen sie der Gruppe die Situation vor. Die Gruppe errät, wo was passiert.
Wann einsetzen?	Am Abend.

Stummes Paar

Art:	Nonverbale Kommunikation.
Beteiligte:	Je zwei Teilnehmer bilden ein Paar.
Ziel:	Erhöhen der Aufmerksamkeit.
Dauer:	15 Minuten.
Wir brauchen dazu:	Keine Requisiten notwendig.
Wie geht es?	Je zwei Teilnehmer bilden ein Paar und versuchen nun, fünf Minuten lang gemeinsam etwas zu tun, ohne sich mit Worten zu verständigen (z.B.: Blumen gießen, sich begrüßen, aufräumen, Kaffee trinken usw.)
Wann einsetzen?	Am Ende eines Seminartages.

Signale

Art: Nonverbales Kommunikationsspiel.

Beteiligte: Die ganze Gruppe.

Ziel: Übung der nonverbalen Ausdrucksfähigkeit und der Wahrnehmung.

Dauer: 15 Minuten.

Wir brauchen dazu: Keine weiteren Materialien.

Wie geht es? Alle Teilnehmer bewegen sich frei im Raum und senden sich Signale bzw. empfangen von anderen Signale. Das alles geht lautlos vor sich.

Wann einsetzen? Am Anfang, um die Gruppe in Kontakt zu bringen, oder am Ende eines Seminartages.

Austausch

Art: Nonverbale Kommunikation, Verständigung im Kreis.

Beteiligte: Die ganze Gruppe.

Ziel: Verständigung ohne Worte, Integration aller Seminarteilnehmer.

Dauer: 15 Minuten.

Wir brauchen dazu: Kärtchen, auf denen je eine Zahl steht (Zahlen von 1 bis ... so viele wie Mitspieler).

Wie geht es? Jeder Spieler zieht eine Karte und behält die Zahl für sich, sie ist seine Geheimnummer. Alle sitzen im Kreis, ein Freiwilliger setzt sich in die Mitte auf einen Stuhl. Er nennt eine Zahl, z.B.: 3. Der Spieler 3 ruft zwei Nummern, 7 und 11. Die Spieler, die diese Zahlen haben, versuchen nun, sich zu finden und sich unmerklich darüber zu verständigen, wann sie ihre Plätze wechseln wollen, denn das Ziel des in der Mitte sitzenden Spielers ist es, einen der Sitzplätze im Kreis zu schnappen, während Nr. 7 und Nr. 11 die Plätze tauschen. Wer keinen Stuhl bekommt, geht in die Mitte und spielt weiter.

Besondere Hinweise: Keine.

Wann einsetzen? In der Pause oder nach der Pause.

Wer war's?

Art: Nonverbale Kommunikation.

Beteiligte: Alle.

Ziel: Aufmerksamkeit wird geübt.

Dauer: 30 Minuten.

Wir brauchen dazu: So viele Streichhölzer (eines davon ohne Kopf) wie Mitspieler.

Wie geht es? Jeder Spieler zieht ein Streichholz. Wer das Streichholz ohne Kopf erwischt hat, ist der Täter, der sich nicht zu erkennen gibt. Der Täter tötet durch Anblinzeln. Wer von ihm angeblinzelt wurde, sagt laut: »Ich bin tot.« Alle beobachten genau. Wer glaubt, den Täter zu kennen, sagt laut: »Ich klage an.« Er sagt aber noch nicht, wen er in Verdacht hat. Erst nachdem sich noch ein zweiter Ankläger gemeldet hat, zeigen die beiden auf Kommando auf den Verdächtigten. Zeigen beide auf dieselbe Person, muß diese Person ihr Streichholz vorzeigen. Hat es einen Kopf, geht das Spiel weiter wie bisher. Hat es keinen Kopf, ist er der Täter. Das Spiel beginnt von vorn.

Besondere Hinweise: Außer den erlaubten Sätzen nichts sprechen.

Wann einsetzen? Am Abend.

Mehr oder weniger

Art: Kommunikative Übung.

Beteiligte: Je zwei oder drei Teilnehmer in Kleingruppen.

Ziel: Erweiterung von Führungsqualitäten.

Dauer: Eine Stunde.

Wir brauchen dazu: Pro Teilnehmer einen Fragebogen, auf dem für Führungspersonen wichtige Eigenschaften aufgeführt sind.

Wie geht es? Mit den auf dem Arbeitsbogen genannten Eigenschaften vergleichen sich die Spieler erst einmal alleine und kreuzen bei jeder aufgeführten Verhaltensweise an, ob sie davon mehr oder weniger für sich benötigten. Im Anschluß daran diskutieren die Teilnehmer zu zweit oder dritt, wie individuelle Führungsqualität vergrößert werden kann.

Besondere Hinweise: Die für Führungspersonen wichtigen Eigenschaftswörter können in der Gruppe erarbeitet und gesammelt werden.

Wann einsetzen? Im Führungskräftetraining.

Können Eier fliegen?

Art: Kommunikation im Team.

Beteiligte: Kleingruppen zu je vier Teilnehmern.

Ziel: Finden Sie eine kreative Lösung der gestellten Aufgabe.

Dauer: 40 Minuten.

Wir brauchen dazu: Pro Gruppe folgende Spielmaterialien in ein Kuvert füllen: zwei rohe Eier, zwei m Schnur, zwei Blatt Papier (DIN A3), ein Stück Karton (DIN A4), ein Lineal (30 cm), zwei Büroklammern, zwei Luftballons, zwei kleine Gummiringe, die Spielanleitung, Schere, Bleistift, Tesafilm.

Wie geht es? Überreichen Sie jeder Gruppe einen verschlossenen Umschlag mit den Materialien und dieser Anleitung: »Sie haben 40 Minuten Zeit. Nach Ablauf der Zeit läßt einer der Gruppe das erste rohe Ei aus dem zweiten Stockwerk fliegen. Danach muß mit der gleichen Konstruktion das zweite Ei aus dem zweiten Stock heil hinunterbefördert werden.«

Besondere Hinweise: Außer den ausgegebenen Hilfsmitteln darf nichts weiter verwendet werden. Das Haus, in dem Sie arbeiten, muß mindestens zwei Stockwerke haben.

Wann einsetzen? In Gruppen, die lernen sollen, Unmögliches möglich zu machen.

Nasa-Spiel

Art des Spiels: Teamspiel.

Beteiligte: Zwei bis drei Kleingruppen von je acht Spielern und je ein Beobachter.

Ziel: Erkennen der Vorteile der Gruppenarbeit gegenüber der Einzelarbeit.

Dauer: Drei Stunden.

Wir brauchen dazu: Pro Spieler Papier, Bleistift und eine Spielanleitung.

Wie geht es? Es bilden sich Gruppen von etwa acht Spielern. Jeder erhält ein Blatt mit folgendem Text:

Name: ________________ Gruppe: ________________

Sie sind Mitglied einer Raumfahrtmannschaft, die ursprünglich geplant hatte, auf der erhellten Oberfläche des Mondes mit einem Mutterschiff zusammenzutreffen. Infolge technischer Schwierigkeiten ist Ihr Raumschiff jedoch gezwungen worden, an einer Stelle zu landen, die etwa 300 km von dem Treffpunkt entfernt liegt. Während der Landung ist ein großer Teil der Ausrüstung an Bord beschädigt worden. Da die Aussicht zu überleben davon abhängt, ob Sie das Mutterschiff erreichen, müssen die wichtigsten der vorhandenen Dinge für den 300 km langen Weg gewählt werden. Unten finden Sie eine Liste von 15 Gegenständen, die nach der Landung unbeschädigt geblieben sind. Ihre Aufgabe ist es, diese Gegenstände in eine Rangordnung zu bringen, je nachdem, wie notwendig sie Ihnen zum Erreichen des Treffpunktes erscheinen. Setzen Sie die Nummer 1 neben den wichtigsten Gegenstand, Nummer 2 neben den zweitwichtigsten usw.

Die unbeschädigten Dinge: 1 Schachtel Streichhölzer, 1 Dose Nahrungskonzentrat, 15 m Nylonseil, 30 m Fallschirmseide, 1 tragbares Heizgerät, 2 Pistolen 7,654 mm, 1 Kiste Trockenmilch, 2 Sauerstofftanks zu je 50 l, 1 Sternkarte (Mondkonstellation), 1 Schlauchboot, automatisch aufblasbar durch CO_2-Flaschen, 1 Magnetkompaß, 22 l Wasser, Signalpatronen (auch im luftleeren Raum zündend), 1 Erste-Hilfe-Koffer mit Injektionsnadeln, 1 Fernmeldeempfänger und -sender mit Sonnenbatterien.

Verlauf: Zum Verlauf des Spieles wird den Teilnehmern folgendes erklärt: In dieser Übung spielen wir unsere Möglichkeiten, Entscheidungen zu treffen, an einem Modell durch. Wir erfahren dabei, wie sich Entscheidungen sinnvoll durchführen lassen und was für Hindernisse im Wege stehen können.

1. Durchgang: *Einzelentscheidung:* Sie versuchen, jeder für sich allein, die gestellte Aufgabe zu lösen. Die ausgefüllten Blätter geben Sie ab. Sie können sich auf einem zweiten Blatt Ihren Vorschlag notieren.

2. Durchgang: *Gruppenentscheidung:* Das Ziel ist ein Beschluß der Gruppe, mit dem jeder von Ihnen einverstanden sein kann. Das bedeutet, daß der Rang jedes der 15 Gegenstände, die für das Überleben notwendig sind, die Zustimmung eines jeden von Ihnen haben muß, um ein Teil des Gruppenbeschlusses zu werden. Es wird sich nicht in allen Punkten erreichen lassen, daß alle Gruppenmitglieder zu der gleichen Meinung kommen. Sie versuchen aber als Gruppe, jeden Punkt so zu diskutieren und zu beschließen, daß alle Mitglieder wenigstens teilweise zustimmen können.

3. Durchgang: Jede Gruppe wählt aus ihrer Mitte zwei Vertreter, die nach Meinung der Gruppe am besten mit der Materie umgehen können. Die Vertreter aller Gruppen setzen sich zusammen und entscheiden im Plenum noch einmal. Alle Teilnehmer dürfen dabei zuhören.

4. Durchgang: *Ergebnis:* Die verschiedenen Ergebnisse werden untereinander und mit einem Sachverständigenergebnis verglichen (vgl. Seite 247).

Besondere Hinweise: Das Nasa-Spiel wurde erstmals veröffentlicht bei: Pfeiffer, J.W./Jones, J.E.: A handbook of structured experiences for human relations training, Vol. I + II. University Associates Press, Iowa City 1970.

Die Erfindung

Art: Teambildung und Kommunikation.

Beteiligte: Ca. zehn Personen in einer Gruppe.

Ziel: Nach der Anleitung des »Erfinders« bauen alle eine Maschine aus Menschenmaterial.

Dauer: Ca. 30 Minuten.

Wir brauchen dazu: Den »Erfinder«, der sich die Maschine ausdenkt, den »Ingenieur« und die »Monteure«, die sie bauen, und die übrigen Personen, aus denen diese Erfindung gestaltet wird.

Wie geht es? Die Gruppe wählt den Erfinder, den Ingenieur und die Monteure. Dann wird die Maschine gebaut und vom Erfinder über die Art ihrer Bewegungsmechanismen und der dabei entstehenden Geräusche informiert.

Besondere Hinweise: Wie setzt sich das Team zusammen, wer leitet die Gruppe? Wieviel Kreativität wird sichtbar?

Wann einsetzen? In Seminaren, in denen es um Teambildung, Führung, Motivation geht.

Achtung! Keine lebensgefährlichen pyramidalen Konstruktionen zulassen.

Aktives Zuhören

Art: Kommunikatives Lernspiel.

Beteiligte: Je drei Teilnehmer bilden eine Kleingruppe.

Ziel: Genaues Zuhören und Eingehen auf den Gesprächspartner, Vermeiden und Lösen von Konflikten.

Dauer: 30 Minuten, auf Wunsch länger.

Wir brauchen dazu: Keine Materialien notwendig.

Wie geht es? Der Trainer gibt ein Thema vor, oder die Gruppe sucht sich ein alle interessierendes Gesprächsthema. Nacheinander spielt jeder einmal den stillen Zuhörer, während sich die beiden anderen unterhalten. Diese beiden haben die Aufgabe, ehe sie dem Partner antworten, dessen Bemerkungen zu wiederholen.

Besondere Hinweise: Der stille Zuhörer achtet darauf, wie die beiden dem anderen Aufmerksamkeit schenken und wie genau, korrekt oder interpretierend sie wiederholen.

Wann einsetzen? Besonders gut einsetzbar bei Verkaufstrainings und im Konflikttraining.

Achtung! Der Trainer achtet darauf, daß es bei einer nachfolgenden Diskussion keine Be- oder Abwertungen einer Person gibt und keine Schuldzuweisungen.

Stammtischdiskussion

Art: Kommunikationsspiel in einer Gruppe.

Beteiligte: Kleingruppen mit je fünf Diskussionsteilnehmern, eventuell pro Gruppe ein Beobachter.

Ziel: Wie verhalten sich die Diskutierenden den anderen gegenüber, wer übernimmt die Führung, wie reagieren die anderen?

Dauer: Zehn Minuten oder auch länger.

Wir brauchen dazu: Keine weiteren Utensilien.

Wie geht es? Die Gruppe wählt sich ein Thema, über das sie diskutieren möchte. Die Teilnehmer können auch besondere Rollen übernehmen, beispielsweise den Bürgermeister oder den Bauer Maier spielen.

Besondere Hinweise: Nonsensdiskussionen, z.B. über »den Verkauf von Staubsaugern in Grönland zum Reinigen des Iglus« oder »den Lauschangriff im Hühnerstall«, erhöhen die Brisanz.

Wann einsetzen? Um festzustellen, wie sich jeder einbringt, wie er seinen Standpunkt vertritt, wieviel Selbstsicherheit, Unsicherheit, Dominanz oder Macht der einzelne besitzt und ausspielt. Diese Stammtischrunde soll nicht in einer zünftigen Schlägerei enden.

Mit Musik geht alles besser

9

Mit Musik geht alles besser

Musik harmonisiert uns, sie bringt Gruppen dazu, sich als Einheit, als ein Kraftfeld zu fühlen und sich zu bewegen. Wenn das geschieht, schwingen die Gehirnzellen synchron, und die Arbeitsatmosphäre im Raum wird als »gut« empfunden.

Auch bei einem guten Gespräch zweier Menschen schwingen ihre Gehirnzellen in Harmonie. In diesem Zustand der harmonischen Schwingung gibt es keine Zusammenstöße.

Musik ist Energiequelle, sie stärkt, kräftigt, motiviert uns, sie erfrischt oder sie schenkt uns Ruhe, Entspannung, wiegt uns in den Schlaf. Sie heilt Körper und Seele.

All diese Aspekte kann der Trainer auch für seine Arbeit nutzen und zum Wohl der Teilnehmer im Dienste der Sache einsetzen. Wir lernen leichter, arbeiten konzentrierter und entspannen uns leichter, denn Musik steigert unser körperlich-seelisch-geistiges Wohlbefinden.

Dem erfahrenen Trainer selbst dient die Musik als Stütze für Sprache und Bewegung, sie trägt die ganze Persönlichkeit und macht sie lebendig.

Für alle, die sich eingehender mit diesem Thema befassen wollen, empfehle ich Hartmut Wagner, »Viola, Musik für lebendiges Lernen«, PLS-Verlag, Bremen 1993.

Mönchsgang

Art: Sanftes Lernspiel.

Beteiligte: Die ganze Gruppe.

Ziel: Einprägen von Neugelerntem, Transfer ins Langzeitgedächtnis.

Dauer: 30 Minuten.

Wir brauchen dazu: Keine Hilfsmittel oder pro Person eine Kopie vorbereiteter Texte.

Wie geht es? Der wichtige Text, die Merksätze, die Wörter oder Regeln, die gelernt werden sollen, werden zusammengestellt. Jeder Teilnehmer hat ein Blatt mit diesem Text in der Hand. Alle bilden einen großen Kreis, drehen sich um 90 Grad, so daß sie im Kreis hintereinander hergehen können. Sie gehen jetzt mit gemessenem Schritt, dabei murmeln oder singen sie langsam und eindringlich den Text immer wieder.

Besondere Hinweise: Hohe Frequenzen machen uns frisch und lernbereit, die Gedächtnisleistung ist besser.

Wann einsetzen? Am Ende einer Lerneinheit, zur Vertiefung.

Gregorianische Gesänge

Art: Begleitende Musik als Lernhilfe.

Beteiligte: Für alle Kursteilnehmer.

Ziel: Leichter lernen und konzentrierter arbeiten. Mit Musik steigern wir das emotionale, spirituelle und körperliche Wohlbefinden.

Wir brauchen dazu: Eine Kassette oder CD mit gregorianischen Gesängen.
Diese Art der Musik ist eine fantastische Energiequelle. Der französische Arzt Alfred Tomatis besuchte Klöster in der ganzen Welt, um Mönche zu studieren, die gregorianische Gesänge singen. Er stellte fest, daß diese Musik aufgrund hoher Frequenzen eine therapeutische Wirkung hat, die Zuhörer kräftigt, motiviert, erfrischt und mit Energie auflädt. Sie verleiht geistige und spirituelle Ruhe und Kraft. Probieren Sie selbst aus, wie die gregorianische Musik auf Sie wirkt. Spielen Sie die Kassette, soviel Sie wollen. Sie ziehen aus ihrer besonderen Tonlage auch Nutzen, wenn Sie nicht bewußt zuhören. Deshalb reicht eine unaufdringliche Lautstärke.

Besondere Hinweise: Empfehlenswerte CDs: Canto Gregoriano (EMI), Gregorian Chant (Philips Classic), Gregorianik Vol. 1 (ERGO Classics 701003), Gregorianik Vol. 2 (ERGO Classics 701011), Cantus Selecti (Sony).

Wann einsetzen? So oft wie möglich auch während der Arbeit; testen Sie selbst, wieviel für Sie richtig ist.

Am Ende eines Seminartages

10

Ein Seminartag ist zu Ende

Das Arbeitspensum ist – hoffentlich – geschafft. Um vom Tag Abschied zu nehmen und in die wohlverdiente abendliche Freizeit überzuleiten, findet sich hier eine gute Gelegenheit für einige mehr oder weniger anspruchsvolle Spiele. In vielen Seminarhäusern befinden sich ja auch Spiel- oder Sportmöglichkeiten, wie z.B. Schwimmbad, Fitneßraum, Kegelbahn, Billard oder Dartboards. Ich habe es schon oft erlebt, daß eine Gruppe, die während des Seminartages zusammen in Spielen aktiv war, auch am Abend zusammenbleibt und gemeinsame Aktivitäten wählt, die sich sehr vom üblichen Barbesuch unterscheiden und einen klaren Kopf auch für den folgenden Tag garantieren.

Phantasiereise

Art: Sanftes Spiel.

Beteiligte: Drei bis sieben Spieler.

Ziel: Anregung der Kreativität, Seminarinhalte verarbeiten, Phantasie und Visualisierung fördern.

Dauer: 20 – 30 Minuten.

Wir brauchen dazu: Keine besondere Vorbereitung.

Wie geht es? Die Spieler sitzen im Kreis und planen eine Reise (Urlaubsreise, Forschungsreise an den Nordpol, Reise durch den Seminarinhalt dieses Tages, Reise durch die Firma X etc.). Wenn sie sich geeinigt haben, legen sie die Art des Fahrzeuges fest. Ist auch die Fortbewegung geklärt, schließen alle die Augen und setzen sich entspannt hin. Wer als erster eine konkrete Vorstellung von der Reise hat, teilt sie den anderen mit (z.B.: »Wir haben alle unseren Koffer in der Hand und gehen ...«). Wer als nächster eine Idee hat, gestaltet die Reise weiter.

Besondere Hinweise: Der Trainer kann auch den besonders wichtigen Inhalt des Seminartages zusammenfassen und wie eine Phantasiereise zu Entspannungsmusik sprechen.

Wann einsetzen? Am Ende einer Lerneinheit, am Ende des Seminartages, am Ende des Trainings.

Knobelei I

Art: Sanftes Spiel.

Beteiligte: Eine oder mehrere Personen, eine kleine Gruppe.

Ziel: Konzentration und Vorstellungskraft üben.

Wir brauchen dazu: Je Gruppe acht Streichhölzer.

Wie geht es? Wie müssen Sie acht Streichhölzer legen, daß zwei Quadrate und vier Dreiecke entstehen?

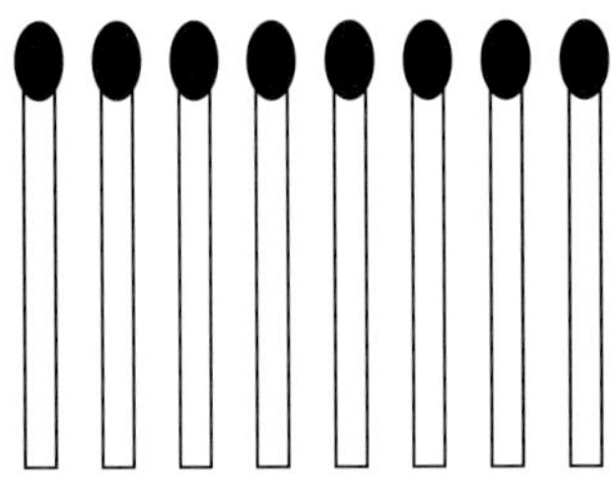

Lösung auf Seite 247.

Wann einsetzen? Am Abend.

Knobelei II

Art: Streichholzspiel.

Beteiligte: Die ganze Gruppe spielt, jeder für sich.

Ziel: Die Fläche soll verdoppelt werden.

Dauer: Fünf Minuten.

Wir brauchen dazu: Vierzehn Streichhölzer pro Person.

Wie geht es? Wie verdoppelt sich die Größe der Fläche durch Dazulegen von zwei weiteren Streichhölzern?

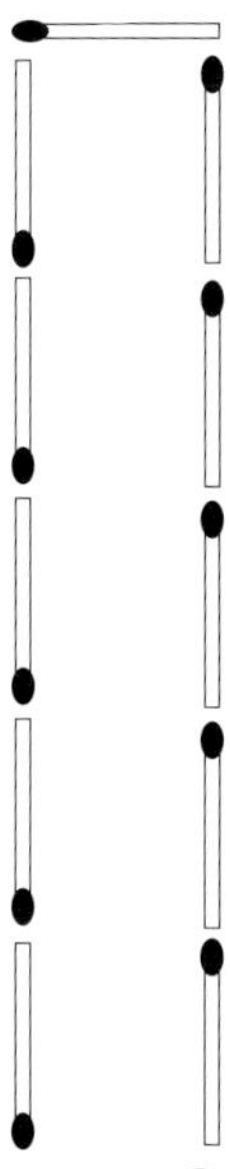

Lösung auf Seite 247.

Wann einsetzen? Zur Knobelei am Abend.

Knobelei III

Art: Sanftes Spiel.

Beteiligte: Die ganze Gruppe.

Ziel: Konzentration.

Dauer: Zehn Minuten.

Wir brauchen dazu: Overheadprojektor und 17 Streichhölzer oder pro Spieler 17 Streichhölzer.

Wie geht es? Wenn Sie von dieser Figur fünf Hölzer wegnehmen, bleiben drei Quadrate, wenn Sie sieben Hölzer wegnehmen, bleiben noch zwei Quadrate übrig.

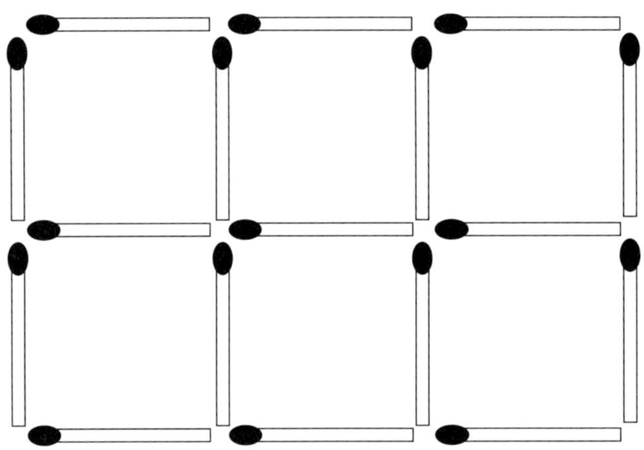

Lösung auf Seite 247.

Wann einsetzen? Am Abend.

Zündende Idee

Art: Streichholzspiele.

Beteiligte: Ein bis drei Personen, je nach Wunsch in Kleingruppen.

Ziel: Konzentration verbessern.

Dauer: Pro Aufgabenstellung 20 Minuten.

Wir brauchen dazu: Pro Gruppe 24 Streichhölzer.

Wie geht es? Legen Sie die Streichhölzer so:

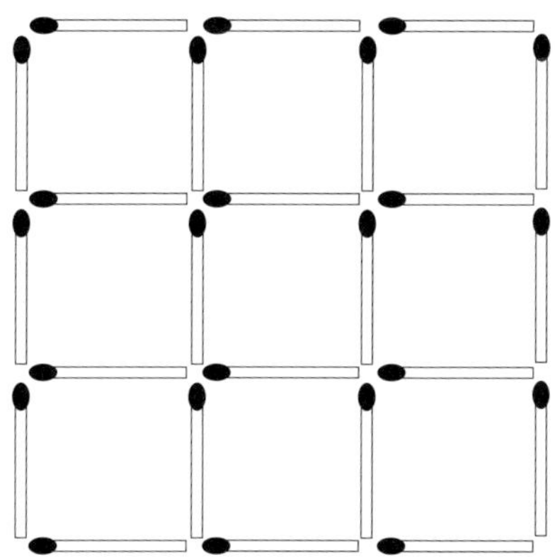

Lösung auf Seite 248.

1. Aufgabe: Nehmen Sie vier Hölzer weg = fünf gleich große Quadrate.
2. Aufgabe: Nehmen Sie sechs Hölzer weg = drei verschieden große Quadrate und zwei Rechtecke.
3. Aufgabe: Nehmen Sie acht Hölzer weg = zwei gleich große Quadrate und ein kleines.
4. Aufgabe: Legen Sie acht Hölzer um = drei verschieden große Quadrate.
5. Aufgabe: Legen Sie zwölf Hölzchen um = zwei gleich große Quadrate.

Wann einsetzen? Zur Konzentration oder als Knobelei am Abend.

Schlangenbändiger

Art: Sanftes Spiel.

Beteiligte: Die ganze Gruppe.

Ziel: Wettspiel/Konzentration/Nonsens.

Dauer: Eine Minute.

Wir brauchen dazu: Pro Spieler eine Papierserviette, eine Stoppuhr.

Wie geht es? Jeder Spieler bekommt eine Papierserviette, aus der er in einer Minute eine Schlange reißen soll. Wem gelingt die längste?

Besondere Hinweise: Viele benutzen ihre Serviette beim Essen nicht; vielleicht nur mit diesen Personen noch am Tisch spielen. Oder alle nehmen eine Papierserviette mit in den Seminarraum.

Wann einsetzen? Nach dem Abendessen.

Warum ...? Weil ...!

Art: Schreibspiel.

Beteiligte: Mindestens fünf Personen oder alle zusammen.

Ziel: Spaß am Unsinn.

Dauer: 30 Minuten.

Wir brauchen dazu: Jeder braucht einen Zettel und einen Stift.

Wie geht es? Jeder Spieler schreibt in die oberste Zeile seines Blattes eine Frage, die mit »Warum« anfängt, faltet diese Zeile um und gibt den Zettel seinem Nachbarn weiter. Dieser schreibt eine Antwort, die mit »Weil« beginnt, darunter. Bevor er das Blatt weitergibt, schreibt er eine neue Warum-Frage darunter usw., bis die Blätter vollgeschrieben sind. Dann werden die Fragen und die darunter stehenden Antworten vorgelesen.

Besondere Hinweise: Dieses Spiel bietet sich an, wenn Sie im Kommunikations- oder Rhetoriktraining offensichtlich machen wollen, daß auf eine Frage, die mit »Warum?« beginnt, nur »dumme« Antworten folgen.

Wann einsetzen? Am Abend als Nonsensspiel.

Gobang

Art: Taktisches Spiel.

Beteiligte: Je zwei Spieler.

Ziel: Jeder Spieler versucht, fünf benachbarte Kästchen zu besetzen.

Dauer: 30 Minuten.

Wir brauchen dazu: Für je zwei Spieler ein Blatt kariertes Papier und Bleistifte oder zwei verschiedene Farbstifte.

Wie geht es? Auf dem Spielfeld grenzen Sie ein Quadrat aus 15 Kästchen waagerecht und 15 Kästchen senkrecht ab. In diese Kästchen zeichnen die Spieler abwechselnd ihr Zeichen (vielleicht X und O) ein. Bei verschiedenen Farbstiften können die Zeichen gleich sein. Wem gelingt es, zuerst eine Reihe von fünf Kästchen zu besetzen, die in einer Reihe (waagerecht, senkrecht oder diagonal) nebeneinander liegen?

Besondere Hinweise: Pro Runde macht jeder Spieler nur ein Zeichen.

Wann einsetzen? Am Abend. Dieses Spiel schult Aufmerksamkeit und Vorausschau.

Das Seminarende

11

Abschied

Zum Abschied mache ich meinen Seminarteilnehmern meistens ein »Geschenk«. Ich lege Rod Stewarts »Sailing« auf und bitte die Teilnehmer, mit mir zusammen einen Kreis zu bilden und sich an den Händen zu fassen. Wer möchte, schließt die Augen. Meistens bewegt sich die Gruppe bald wiegend zur Musik, und die Energie beginnt zu fließen ...

Eine andere Möglichkeit, den Abschied zu gestalten, ist es, jedem Teilnehmer eine Affirmation mit auf den Weg zu geben. Dazu schreibe ich zum Charakter der Weiterbildung oder zur Zielgruppe passende Affirmationen auf kleine Zettel, die sich falten oder rollen lassen, so daß ich sie originell verpacken kann: als Bonbons oder in Filmdöschen. Ich lege sie dann in eine Schale und biete jedem Seminarteilnehmer an, sich doch von einem ganz bestimmten Teil anziehen zu lassen. Die Verpackungen werden geöffnet, jeder liest seine Affirmation, und wer möchte, teilt sie der Gruppe mit und sagt kurz, was dieser Text für ihn bedeutet.

Oder: Ich nehme eine Wäscheleine und klammere pro Person eine Moderationskarte + Bonbon oder eine kleine Tüte Gummibärchen oder etwas Ähnliches im Abstand von 50 cm an. Dann lege ich die Leine zum Kreis auf den Boden oder lasse sie durch die Hände bis ans andere Ende des Kreises weitergeben. Jeder darf sich ein Bonbon nehmen und auf die Karte etwas für mich aufschreiben. Dann klammert er die Karte wieder an, und ich ziehe die Leine ein.

Oder: Ich lege noch einmal den »Hit« des Seminars auf.

Oder: Ich spiele einen Song, der zum Thema, zur Jahreszeit, zum Wetter (z.B.: »Singing in the Rain«, »If I only had time« ...) paßt, oder die Wunschmelodie eines Teilnehmers. Vielleicht hatte ja einer Geburtstag während des Seminars.

Weitere Vorschläge: Don't worry – be happy (Bobby McFerrin), Orinoco Flow (Enya), Sheperd Moons (Enya), Always Look on the Bright Side of Life (Monty Python), Needles and Pins (Smokie), Yesterday (Beatles), It's a Heartache (Bonnie Tyler).

Von Titeln, die mir besonders gut geeignet erscheinen, mache ich Endloskopien auf Kassetten.

Heißer Stuhl

Art: Kommunikationsspiel.

Beteiligte: Alle Gruppenmitglieder und der Seminarleiter oder Kleingruppen mit je fünf Teilnehmern.

Ziel: Feedback an den Seminarleiter oder Feedback der Teilnehmer untereinander in Kleingruppen.

Dauer: 30 Minuten.

Wir brauchen dazu: Einen »heißen« Stuhl.

Wie geht es? Auf dem heißen Stuhl nimmt der Seminarleiter Platz; die Teilnehmer treten nacheinander vor ihn hin und geben ihm Feedback darüber, was bei ihnen positive oder negative Gefühle ausgelöst hat.

Variation: Die Teilnehmer arbeiten in Kleingruppen zu je fünf Personen.

Besondere Hinweise: Das Thema heißt: »Ich mag an Dir ...« Alle Mitglieder der Kleingruppen nehmen nacheinander auf dem heißen Stuhl Platz.

Wann einsetzen? Am Ende des Seminars als Prozeßanalyse.

Achtung! Keine Bewertungen im Sinne von Zuweisungen, sondern nur eigene Gefühle und Wahrnehmungen ausdrücken. Dieses Spiel kann starke Emotionen auslösen.

Feedback

Art: Feedback für alle.

Beteiligte: Die ganze Gruppe.

Ziel: Lob oder Kritik aussprechen.

Dauer: Pro Person eine Minute.

Wir brauchen dazu: Eventuell einen weichen Ball.

Wie geht es? Die Seminarteilnehmer und der Trainer sitzen im Kreis. Einer beginnt, ein kurzes Statement zum Verlauf des Seminars zu geben. Ist er fertig, wirft er den Ball weiter, und der nächste spricht usw.

Variation 1: Jeder stellt sich die Frage: »Was nehme ich aus diesem Seminar mit nach Hause?« und beantwortet sie im Plenum.

Variation 2: Jeder schreibt auf eine Moderationskarte etwas für den Trainer und überreicht sie ihm.

Besondere Hinweise: Auch der Trainer gibt der Gruppe Feedback.

Wann einsetzen? Am Ende eines Tages oder zum Seminarende.

Achtung: Niemand antwortet auf das Gesagte, es gibt keine Rechtfertigungen.

Blitzlicht

Art: Feedback oder Momentaufnahme.

Beteiligte: Die ganze Gruppe.

Ziel: Die Stimmung in der Gruppe wird sichtbar.

Dauer: Pro Person maximal eine Minute.

Wir brauchen dazu: Keine Hilfsmittel.

Wie geht es? Jeder Teilnehmer bekommt eine Minute »Sprechzeit«. Darin kann er ein kurzes Statement dazu abgeben, wie er sich momentan fühlt; ob er zufrieden ist mit dem, was er erlebt oder während des Seminars erlebt hat; wie die Zusammenarbeit in der Gruppe klappte usw.

Besondere Hinweise: Jeder kommt zu Wort, die Aussagen werden nicht diskutiert oder gewertet. Auch der Seminarleiter hat die Möglichkeit, etwas zu sagen.

Wann einsetzen? Wenn sich Schwierigkeiten bemerkbar machen. Als Feedback am Ende des Tages oder zum Abschluß eines Themenbereiches.

Stimmungsbarometer

Art: Feedback.

Beteiligte: Die ganze Gruppe.

Ziel: Rückmeldung für den Trainer.

Dauer: Zehn Minuten.

Wir brauchen dazu: Moderationspunkte und -karten.

Wie geht es? Auf die Moderationskarten oder ans Flipchart malt der Trainer Gesichter mit verschiedenem Gesichtsausdruck:

Die Teilnehmer kleben ihren Punkt zum entsprechenden Gesicht, woraus die Stimmung ersichtlich wird.

Besondere Hinweise: Übrigens: So kann man auch während des Trainings einzelne Themenbereiche abfragen oder jeden Abend die Stimmung testen.

Wann einsetzen? Am Ende des Seminares bzw. während des Trainings.

Achtung! Keine Rechtfertigungen!

Die Stadt der Zuwendung

Art: Ruhiges Spiel.

Beteiligte: Die ganze Gruppe.

Ziel: Selbsterfahrung.

Dauer: 20 Minuten.

Wir brauchen dazu: Für jeden eine Karte, auf der gut lesbar steht:

BESUCHER

Wie geht es? Alle sitzen im Kreis. Dieser Kreis ist eine Stadt. Jeder in diesem Kreis ist entweder ein »Einwohner« oder ein »Besucher« der Stadt. Einwohner können anderen Einwohnern Zuwendungen geben, soviel sie möchten. Diejenigen, die keine Zuwendungen geben oder empfangen möchten, stellen ihre Karte »BESUCHER« vor sich. Jeder Besucher kann jederzeit wieder Einwohner dieser Stadt werden. Er dreht die Karte wieder um. Jeder hat das Recht und die Freiheit, »Einwohner« oder »Besucher« zu sein, wann er es gern möchte. Auf eine Zuwendung, ein Lob antwortet niemand.

Besondere Hinweise: Sprechen Sie nur von Ihren Gefühlen, die Sie empfinden: »Ich mag Ihre lebendige Art«, »Ich habe mit Ihnen in der Kleingruppe gern zusammengearbeitet«, »Ich empfinde durch Ihr Dasein Sicherheit«, »Ich freue mich, daß du in meiner Gruppe warst« usw.

Wann einsetzen? Am Seminarende (auch als Übung, wenn es um das Thema »Lob und Anerkennung« geht).

Achtung! Viele sind nicht in der Lage, Lob, Anerkennung, also positive Zuwendung, anzunehmen. Starke Emotionen, vor allem Tränen, sind möglich.

Nachwort

Im Jahre 1650 schrieb Johann Amos Comenius in seiner »Großen Didaktik« folgendes:

»Erstes und letztes Ziel unserer Didaktik soll es sein, die Unterrichtsweise aufzuspüren und zu erkunden, bei welcher die Lehrer weniger zu lehren brauchen, die Schüler dennoch mehr lernen, in den Schulen weniger Lärm, Überdruß und unnütze Mühe herrsche, dafür aber mehr Freiheit, Vergnügen und wahrhafter Fortschritt.«

So wünschen wir uns doch sicher auch die heutigen Schulungen, Weiterbildungsmaßnahmen, Seminare und Trainings, und deshalb möchte ich nichts mehr hinzufügen außer:

Ich wünsche Ihnen erfolgreiches »Spielen«.

Anhang

Lösungen

S. 25

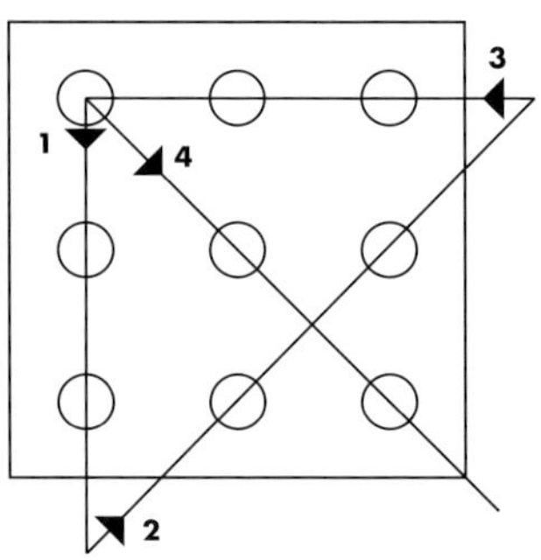

S. 31

Die beiden mittleren Kreise sind gleich groß.

S. 86

				34
16	7	10	1	34
5	2	15	12	34
9	14	3	8	34
4	11	6	13	34
34	34	34	34	34

S. 94

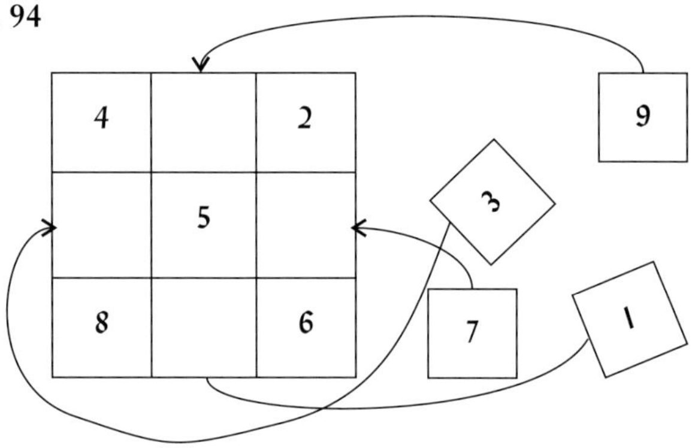

S. 95

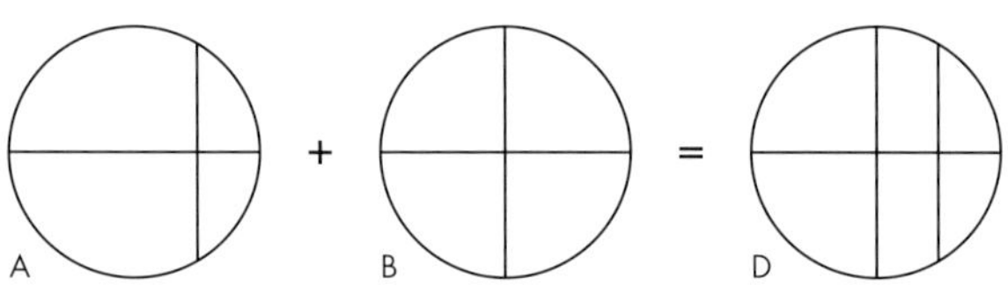

S.113

S. 218f. NASA-Fachleute haben folgende Rangordnung aufgestellt:
Sauerstofftanks – Wasser – Sternkarte – Nahrungskonzentrat – Fernmeldeempfänger – Sender – Nylonseil – Erste-Hilfe-Koffer – Fallschirmseide – Schlauchboot – Signalpatronen – Pistole – Trockenmilch – Heizgerät – Magnetkompaß – Streichhölzer.

S. 230

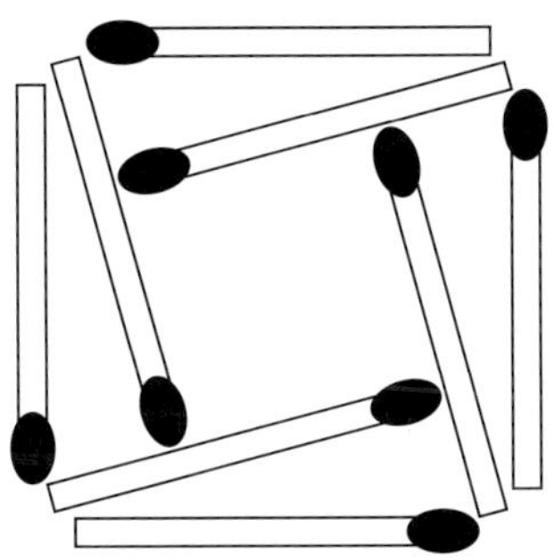

S. 231

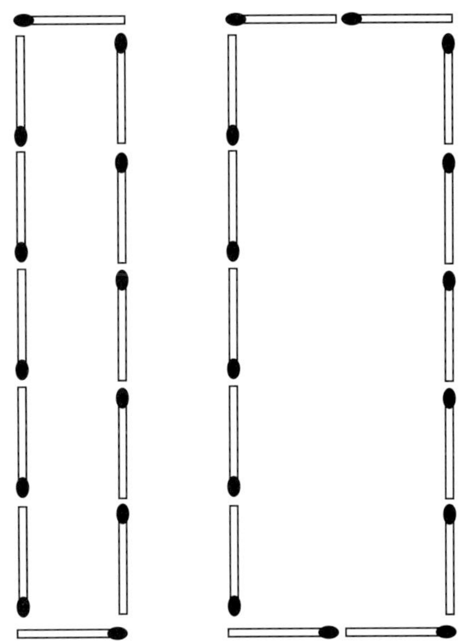

S. 232

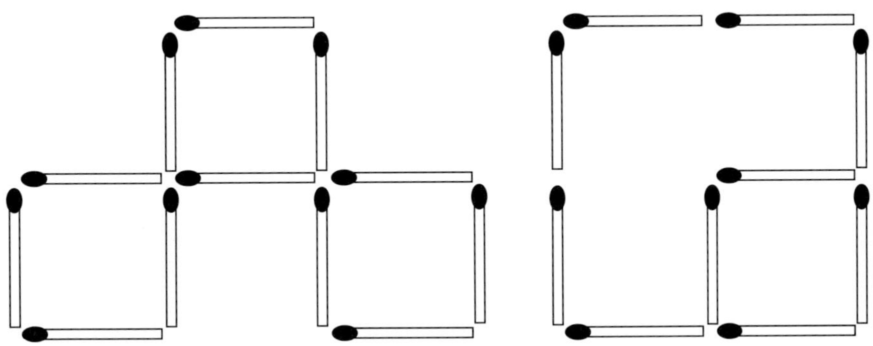

S. 233

Aufgabe 1

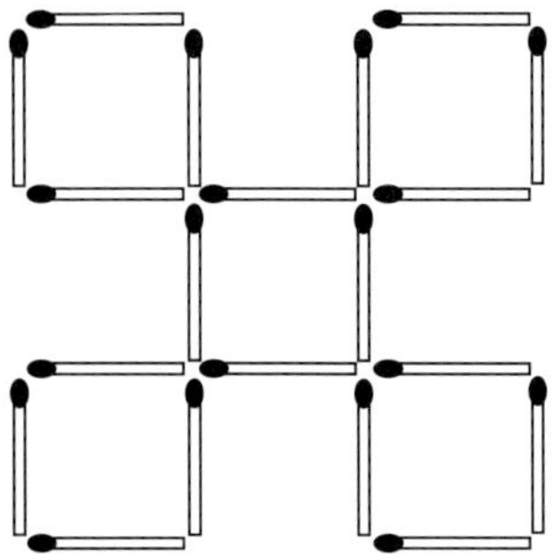

Aufgabe 2

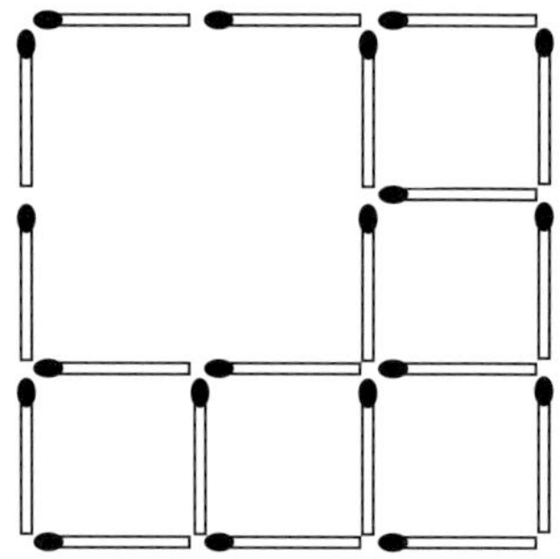

Aufgabe 3

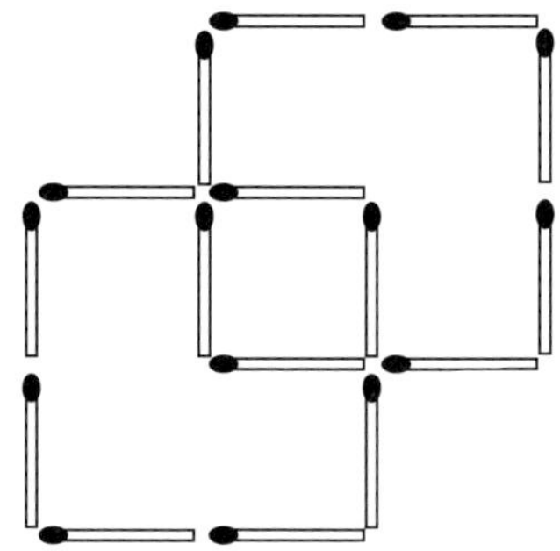

Aufgabe 4

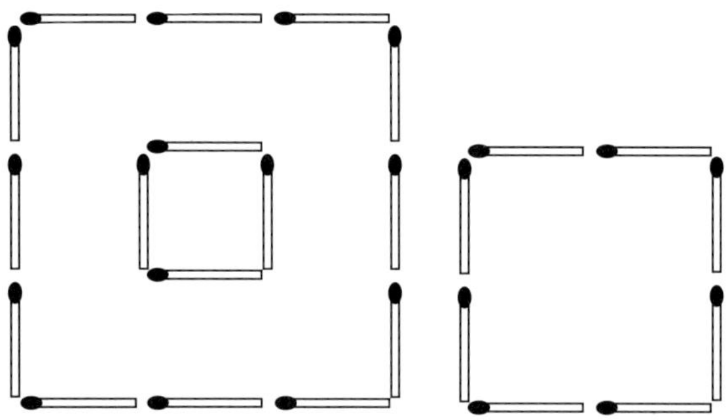

Aufgabe 5

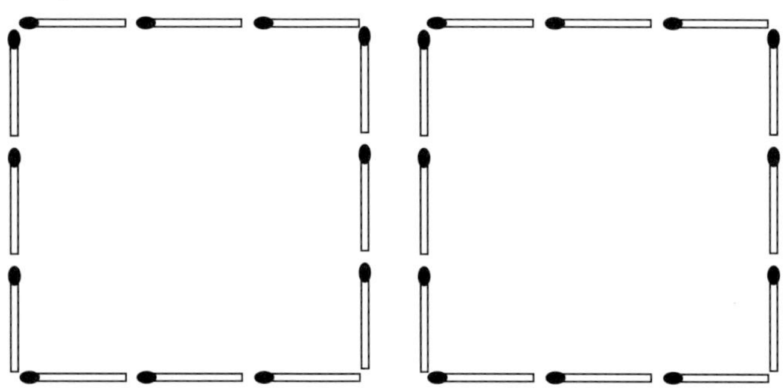

Empfehlungen

- Für weitere Informationen empfehle ich Ihnen:
  Deutsche Gesellschaft für suggestopädisches Lehren und Lernen (DGSL), Eichenstraße 13, 85457 Wörth, Tel.: 08122/13402
  SKILL-Institut, Hauptstraße 47, 69245 Bammental, Tel.: 06223/970175

- Sportgeräte gibt es bei:
  Sport Thieme GmbH, Sportversandhaus, Helmstedter Straße 40, 38367 Grasleben, Tel.: 05357/1810

- Karten, Würfel, Lernspielmaterial und Bücher finden Sie bei:
  villa bossaNova · skill media, medienvertrieb, Büchelstraße 34a, 42855 Remscheid, Tel.: 02191/80217

- Interessante Spiele, die das Gehirn trainieren, finden Sie in der Spiele-Reihe THINK: Ravensburger Spieleverlag, Postfach 1860, 88188 Ravensburg

- Fragen, die den Einsatz von Spielen und Übungen im Training betreffen, beantwortet, und Train the Trainer-Seminare zum Thema »Spiele« führt durch:
  Gudrun F. Wallenwein, P.O. Box 53, Prince Albert, 6930, Südafrika, Tel. 0027/23-5411-330, Fax: 0027/23-5411-361

Literaturverzeichnis

Ich habe manche Autoren mit einem Sternchen gekennzeichnet, weil ihre Veröffentlichungen nicht direkt mit Spielen zu tun haben, aber die menschliche Entwicklung, die Psyche und das daraus resultierende Verhalten zum Inhalt haben und daher für mich wesentliche Hintergrund- oder Basisliteratur für meine lebenslange Arbeit als Lehrerin, Trainerin und Mutter darstellen.

*Babcock, D.E./Keepers, T.D.: Miteinander wachsen. Kaiser, München 1980

*Behrendt, J.E.: Das dritte Ohr – Vom Hören der Welt. Rowohlt, Reinbek 1985

*Behrendt, J.E.: Nada Brahma – Die Welt ist Klang. Rowohlt, Reinbek 1992

Berchem, F.: Noch mehr Gehirnjogging. Mosaik, München 1994

*Berne, E.: Die Spiele der Erwachsenen. Rowohlt, Reinbek 1970

Birkenbihl, V.F.: Stroh im Kopf? Gabal, Bremen 1992

Bolles, E.: Remembering and Forgetting: An Inquiry into the Nature of Memory. Walker and Company 1988

Buzan, T.: Kopftraining. Goldmann, München 1984

Capra, F.: Das neue Denken. dtv, München 1992

Carnegie, D.: Freue dich des Lebens! Scherz, Bern/München/Wien 1970

*Carse, J.P.: Endliche und unendliche Spiele – Chancen des Lebens. Klett-Cotta, Stuttgart 1987

Conrady, I./Haun-Just, M./Meden, B.v.d.: Lernen ohne Grenzen. Suggestopädie – Stand und Perspektiven. Gabal, Bremen 1993

Dahlke, R.: Mandalas der Welt. Heyne, München 1985

Dennison, P./Dennison, G.: Brain Gym. Verlag für angewandte Kinesiologie, Freiburg 1994

Dhority, L.: Moderne Suggestopädie. PLS, Bremen 1986

*Drewermann, E.: Das Eigentliche ist unsichtbar. Herder, Freiburg 1984

Elffers, J.: Tangram. DuMont, Köln 1976

*Estés, C.P.: Die Wolfsfrau. Heyne, München 1993

Fast, J.: Körpersprache. Rowohlt, Reinbek 1979

Ferguson, M.: Die sanfte Verschwörung. Droemer Knaur, München 1984

Ferguson, M.: Geist und Evolution. Goldmann, München 1986

Ferguson, M. (Hrsg.): Neue Türen öffnen. Verlag für Angewandte Kinesiologie, Freiburg 1993

Fluegelman, A.: Die neuen Spiele 2. Ahorn, Prien 1988

Fluegelman, A./Tembeck, S.: New Games – Die neuen Spiele. Ahorn, Prien 1988

Gawain, S.: Stell dir vor. Kreativ visualisieren. Rowohlt, Reinbek 1986

Gebhard, F./Mohlzahn, R.: Moon Dance. Gebhard/Mohlzahn, Heddesbacher Weg 6a, 69253 Heiligkreuzsteinach

Geißler, Kh.A.: Anfangssituationen. Beltz, Weinheim und Basel 1994

Geißler, Kh.A.: Schlußsituationen. Beltz, Weinheim und Basel 1994

Golemann, D.: Meditation. Beltz, Weinheim und Basel 1990

Grinder, M.: NLP für Lehrer. Verlag für angewandte Kinesiologie, Freiburg 1991

Hansen, H.: Die kleine Märchenreise. Metta Kinau, Hamburg 1991

Heinlein, R.: Die Zahl des Tiers. Heyne, München 1981

Hinkelmann, G./Hinkelmann, K./Ferreboeuf, M.: Leichter Lehren. PLS, Bremen 1988

Höper, C.J./Kutzleb, U./Stobbe, A./Weber, B.: Die spielende Gruppe. Pfeiffer , München 1974

Jakobi, J.: Vom Bilderreich der Seele. Walter, Olten 1985

James, M./Jongeward, D.: Spontan leben. Rowohlt, Reinbek 1974

Johnson, S.: Eine Minute für mich. Rowohlt, Reinbek 1987

Kabat-Zinn, J.: Gesund durch Meditation. Barth/Scherz, München 1990

Kirckhoff, M.: Mind Mapping. Synchron, Berlin 1988

Knoll, J.: Kleingruppenmethoden. Beltz, Weinheim und Basel 1993

LeFevre, D.: Das kleine Buch der neuen Spiele. Verlag an der Ruhr, Mühlheim 1991

Mackenzie, A.: Zeit für Erfolg. Sauer, Heidelberg 1990

*Miller, A.: Das Drama des begabten Kindes. Suhrkamp, Frankfurt a.M. 1991

*Missildine, H.W.: In dir lebt das Kind, das du warst. Klett-Cotta, Stuttgart 1976

Moore-Boemmel, B.: Lernaktivitäten. Effekt, Triesen 1992

Müller, E.: Du spürst unter deinen Füßen das Gras. Fischer, Frankfurt a.M. 1983

Ostrander, S./Ostrander, N./Schroeder, L.: Leichter lernen ohne Streß. Scherz , Bern 1979

Peale, N.V.: Die Kraft des positiven Denkens. Bastei-Lübbe, Bergisch Gladbach 1986

Peseschkian, N.: Der Kaufmann und der Papagei. Fischer, Frankfurt a.M. 1976

Riemann, F.: Grundformen der Angst. Reinhardt, München/Basel 1994

*Rogers, C.: Entwicklung der Persönlichkeit aus der Sicht eines Therapeuten. 9. Aufl., Klett-Cotta, Stuttgart 1992

*Rogers, C.: Die Kraft des Guten. Fischer, Frankfurt a.M. 1992

*Rogoll, R.: Nimm dich, wie du bist. Herder, Freiburg 1976

Rosenstiel, L.v.: Mitarbeiterführung in Wirtschaft und Verwaltung. Bay. Staatsministerium für Arbeit, Familie, Sozialordnung, München 1992

Schlemmer, A.: Farben für Seele, Geist und Körper. Hallwag, Bern 1990

Schmidt-Oumard, W./Nahler, M.: Lehren mit Leib und Seele. Junfermann, Paderborn 1993

Schneider, W.: Wörter machen Leute. Piper, München 1986

Slotosch, G.: Jeden Morgen fünf Minuten Gymnastik. Goldmann, München 1988
Stengel, F.: Gedächtnis spielend trainiern. Memo, Stuttgart 1993
Stockwell, T.: Akzeleriertes Lernen in Theorie und Praxis. Effekt, Triesen 1992
*Tannen, D.: Das hab ich nicht gesagt. Kabel, Hamburg 1992
Toelstede, B.G.: Werde, wer du wirklich bist. Cassetten-Programm gegen den Streß. Vor der Rodau 169, 27386 Bothel
*Toelstede, B.G.: Die Transaktionsanalyse für den Verkäufer. Schimmel, Würzburg 1994
*Toelstede, B.G./Gamber, P.: Video-Training und Feedback. Beltz, Weinheim und Basel 1993
Vester, F.: Denken, Lernen, Vergessen. dtv, München 1975
Vester, Frederic: Unsere Welt – ein vernetztes System. dtv, München 1978
Vester, F.: Phänomen Streß. dtv, München 1978
Vopel, K.W.: Interaktionsspiele, sechs Bände. Isko Press, Hamburg 1989–1991
Wagner, H.: Viola. PLS, Bremen 1993
*Watzlawick, P.: Anleitung zum Unglücklichsein. Piper, München 1988
*Watzlawick, P./Beavin, J.H./Jackson, D.D.: Menschliche Kommunikation. Huber, Bern 1990
Weber, H.: Arbeitskatalog der Übungen und Spiele. Windmühle, Hamburg 1986
Wiener, H.S.: Sprache für ein ganzes Leben. Otto Maier, Ravensburg 1990